Dein Wohnmobil versorgen

Constance & Christian Landsberg

Dein Wohnmobil versorgen

Wohnmobil Technik einfach erklärt

inkl. genialer Camping Hacks wie Du länger
freistehen kannst

Bibliografische Information der Deutschen Nationalbibliothek:
Die Deutsche Nationalbibliothek verzeichnet diese Publikation in der
Deutschen Nationalbibliografie; detaillierte bibliografische Daten sind
im Internet über http://dnb.dnb.de abrufbar.

Herstellung und Verlag: BoD – Books on Demand, Norderstedt

ISBN: 978-3-7543-46334

Inhaltsverzeichnis

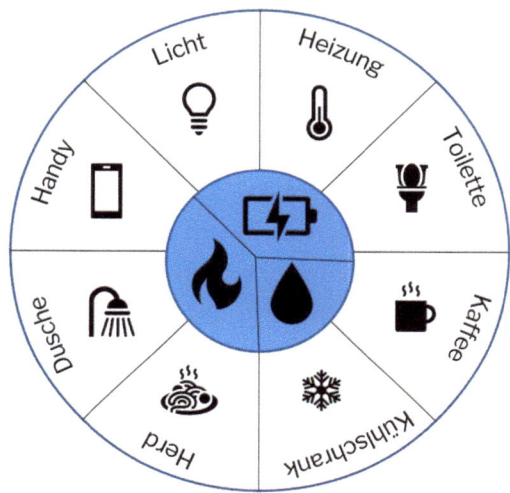

Als Du Dich das erste Mal mit einem Wohnmobil beschäftigt hast, hast Du wahrscheinlich schnell festgestellt, dass Du viele Dinge im Auge haben musst, die in einer Mietwohnung selbstverständlich sind. Der Strom kommt sonst einfach aus der Steckdose, mit Gas hast Du normalerweise auch nichts zu tun, Wasser kommt aus der Leitung und bei der Toilette betätigst Du die Spülung und dann ist wirklich alles weg.

Im Wohnmobil ist das anders. Irgendwann musst Du Dich mit der Technik beschäftigen. Wie viel - das hängt davon ab, wie häufig Du unterwegs bist, wie lange und wohin Du fährst.

Wenn Du mit Deinem Wohnmobil zwei Wochen im Jahr auf einem Campingplatz fährst, brauchst Du eigentlich nur ein Stromkabel und eine Gasflasche. Denn Strom ist meist inklusive und wahrscheinlich nutzt Du auch die sanitären Anlagen vor Ort. Willst Du etwas mehr Komfort (z.B. um das Nudelwasser nicht jedes Mal vom Waschhäuschen zu holen), beschäftigst Du dich am besten auch noch mit dem Thema Wasser.

Für Dich relevant ist das Thema Technik vor allem, wenn Du wie wir länger mit Deinem Wohnmobil unterwegs sein, Ländergrenzen überschreiten und gerne freistehen möchtest. Dann solltest Du Dein Wohnmobil für möglichst lange autarke Phasen fit machen, in denen Du dich nicht um die Versorgung kümmern musst. Zu fast jedem Zeitpunkt Deiner Reise wirst Du mit der Wohnmobiltechnik konfrontiert: morgens beim Kaffee kochen, nachmittags nach dem Strand in der Dusche, beim Lesen auf dem Smartphone oder abends beim Wein trinken.

Wir waren 18 Monate im Wohnmobil unterwegs und haben während dieser Zeit unsere Ressourcennutzung immer weiter optimiert. An diesen Erfahrungen wollen wir Dich teilhaben lassen.

Dieser Ratgeber ist in zwei Teile gegliedert. Im ersten Teil haben wir die häufigsten Fragen gesammelt, die mit dem Thema Ressourcen aufkommen. Im zweiten Teil stellen wir die wichtigsten Ressourcen - Gas, Wasser und Strom - vor. Dabei zeigen wir, wie sie funktionieren, wo Du sie herbekommst bzw. entsorgst und schließlich geben wir Dir Tipps, wie Du möglichst lange unabhängig sein kannst.

Teil 1: Wie funktioniert das mit...

Im folgenden Kapitel zeigen wir Dir, wie Du die Technik im Wohnmobil richtig verwendest, worauf Du beim Kauf achten solltest und wie Du mit einfachen Handgriffen den Wohnkomfort deutlich verbessern kannst.

HEIZEN - SO WIRD ES RICHTIG WARM.

Die Heizung in modernen Wohnmobilen funktioniert sehr gut. Es wird schön warm, selbst bei niedrigen Temperaturen. Grundsätzlich gibt es zwei unterschiedliche Systeme: Luftbasierte und wasserbasierte Heizungen. Die luftbasierte Heizung ist der Standard bei Wohnmobilen bis 3,5t, denn sie ist leichter und günstiger. Am häufigsten werden Heizungen von Truma verbaut. Die Truma Heizungen funktionieren normalerweise mit Gas. Es gibt sie jedoch auch in einer Variante, in der Du zwischen Gas und Strom (230V) umschalten kannst. Das erkennst Du daran, ob die Typenbezeichnung am Ende ein E hat (z.B. Truma 6e).

Die wasserbasierte Heizung liefert ein besseres Raumklima und ist leiser. Da sie schwerer und teurer ist, wird sie vor allem in Wohnmobilen über 3,5t verbaut. Der beliebteste Anbieter ist Alde.

Auch bei den luftbasierten Heizungen gibt es große Unterschiede im Raumklima abhängig davon, wie sie eingebaut sind und wo sich die Lüftungsschlitze befinden. Es zeugt von guter Qualität, wenn zusätzlich zu den offensichtlichen und gut verteilten Luftauslässen am Boden auch hinter den Möbeln immer etwas Platz ist, damit dort auch warme Luft ausströmen kann. Damit zieht es nicht, die Fenster beschlagen nicht und die

Heizung liefert ein angenehmeres Raumklima. Insgesamt ist die Heizungsluft einer luftbasierten Heizung recht trocken - nimm also am besten eine Handcreme mit, wenn Du sie nicht eh schon im Winter immer dabeihast.

Beide Systeme erwärmen sowohl die Luft als auch das Warmwasser. Läuft die Heizung, ist warmes Wasser einfach ein "Abfallprodukt" und somit immer vorhanden. Im Sommer, wenn die Heizung nicht läuft, kann die Warmwasserbereitung separat angeschaltet werden. Das Erwärmen des Boilerinhalts (10 Liter) im Gasbetrieb auf 40° dauert ca. 10 Minuten. Wenn Du eine Variante mit Strom hast und an Landstrom angeschlossen bist, dauert es ca. 30 Minuten bis das Wasser erwärmt ist.

LÜFTEN - GEGEN SCHIMMEL VORBEUGEN

Wohnmobile sind alle mit einer Passivlüftung ausgestattet, um Gasvergiftungen zu vermeiden und Feuchtigkeit laufend nach draußen zu befördern. Die Passivlüftung funktioniert bereits ganz gut, aber Du wirst nicht um mehrfach täglich Lüften herumkommen.

Wenn Du im Winter fährst, wischt Du am besten an den Gummidichtungen der Fenster kondensiertes Wasser ab, damit sich kein Schimmel bilden kann. Besonders nach dem Duschen empfehlen wir das Bad gut zu lüften. Idealerweise hast Du einen zusätzlichen Ventilator in der Dachhaube im Bad. Dann reichen bereits 10-15 Minuten, um das Bad nach einer Dusche wieder trocken zu bekommen.

Duschen – Mehr als Katzenwäsche.

In den meisten Wohnmobilen und auch in vielen neuen Vans gibt es Duschen. Wir haben bisher drei Varianten gesehen.

Die spartanische Variante findest Du meistens in Vans. Bei dieser Variante kannst Du vom Händewaschbecken den Wasserhahn ausziehen und als Handbrause verwenden. Die Duschkabine "bastelst" Du Dir mithilfe eines Duschvorhangs oder verschiebbaren Wänden und dem Verschieben einer Bodenplatte.

Die zweite, bereits etwas komfortablere Variante besteht aus einer schwenkbaren Wand im Bad. So kann man z.B. das Waschbecken über die Toilette schwenken und hat dann eine Duschkabine.

Die dritte Variante besteht aus einer normalen Duschkabine, so wie Du sie auch von zuhause kennst. Manchmal sind sie ein bisschen kleiner - unsere hat zum Beispiel eine Grundfläche von 70x55cm - aber das genügt vollkommen fürs tägliche Duschen.

Achte auf jeden Fall darauf, ob die gesamte Duschwanne eben ist oder Stufen durch reinragende Radkästen vorhanden sind.

Täglich duschen? Na ja, das kommt darauf an, wie viel Wasser Du dabeihast und wie häufig Du Wasser nachtanken möchtest. Üblich in Wohnmobilen bis 3,5t ist ein 120 Liter Tank. Wenn Du das Wasser auch für Zähneputzen, Geschirr abwaschen, Kochen und zum Trinken verwendest, kannst Du mit 2 Personen jeweils noch einmal Duschen bevor Du nach ca. 3 Tagen wieder auffüllen musst.

Endlos Duschen ist im Wohnmobil ohnehin nicht drin, da immer nur 10 Liter Warmwasser vorhanden sind. Das reicht aber für zwei Personen aus. Im Winter ist die Wassertemperatur kein

Problem, da die Heizung das Wasser im Warmwassertank auto-matisch mit aufheizt. Ist die Heizung nicht an, musst Du explizit die Warmwasserbereitung anstellen. Natürlich kannst Du die auch permanent anhaben, aber dann verbrauchst Du dafür per-manent Ressourcen (Gas oder Strom).

Wir empfehlen Dir daher, dass Du die Warmwasserbereitung erst kurz vorher einschaltest. Heizt Du mit Gas, geht es schnell und es reichen ca. 10 Minuten. Hast Du eine Heizung, die auch mit Landstrom funktioniert und bist an den Landstrom ange-schlossen, kann es schon mal eine halbe Stunde dauern. Wenn Du alleine duschen möchtest, reicht die Option Eco (Aufheizen auf 40 Grad). Seid Ihr zu zweit, nimm lieber die Option high (Aufheizen des Warmwassertanks auf 60 Grad). Da die optimale Duschtemperatur bei 35-38 Grad liegt, kannst Du durch das Mi-schen von Warmwasser und Kaltwasser Dein Duschwasser so auf 20 Liter strecken. Übrigens keine Angst - das Mischen funk-tioniert genauso wie mit dem Wasserhahn zu Hause.

TOILETTE - ES MUSS NICHT EKLIG SEIN.

Es gibt zwei Arten von Toiletten - und gleich vorweg: Unser Favorit ist eindeutig die zweite Variante.

Der Klassiker: Chemietoilette

Man kann es nicht beschönigen. Die Standardtoiletten im Wohnmobil sind - sagen wir mal - gewöhnungsbedürftig bis eklig. Immer noch verbauen alle Wohnmobilhersteller eine Chemietoilette.

Das Prinzip von Kassettentoiletten ist einfach erklärt. Im Bad steht ein - auf den ersten Blick - normales WC, nur etwas kleiner und aus Plastik. Unter dem WC und von außen zugänglich gibt es einen separaten Abwassertank, die Kassette. Dort wird eine chemische Substanz als Flüssigkeit oder als Tab hinzugefügt. Die Chemie hemmt Gerüche, löst Fäkalien und Papier (wichtig: Wohnmobil-Toilettenpapier verwenden und nicht normales Toilettenpapier) bis zu einem gewissen Grad auf und macht alles im Tank durch einen Farbstoff „unkenntlich". Entsorgt wird die Kassette mittels eines Entleerungsrohrs direkt in spezielle Entsorgungsstationen. Dabei kommt es (theoretisch) zu keinem Kontakt mit den Fäkalien. Wobei das Reinigen mittels Wasserschlauchs etwas Geschicklichkeit erfordert.

Kassettentoiletten sind für den Einsatz im Wohnmobil vorteilhaft, da man nur wenig Frischwasser und keinen separaten Abwasseranschluss benötigt. Dank der chemischen Zugabe riecht eine Kassettentoilette zwar nicht nach Fäkalien, dafür leicht „stechend" nach Chemie. Die Chemie ist gleichzeitig auch der größte Nachteil. Die Abfälle aus einer Kassettentoilette sind nicht umweltverträglich und müssen daher speziell entsorgt werden. Die Kassette muss ca. alle 2-3 Tage geleert werden.

Mittlerweile gibt es noch eine "umweltfreundliche" Variante der Chemietoilette. Diese ist genauso aufgebaut, nur wird in die Kassette keine Chemie gegeben. Stattdessen ist ein Lüfter an die Kassette angeschlossen, der Gerüche absaugen und nach draußen befördern soll. Ergo kann zumindest nichts nach Chemie riechen. Ob es nach Fäkalien riecht, können wir nicht sagen, da wir keine Erfahrung mit diesem Toilettentyp haben. Da jedoch festes und flüssiges in einem Tank gesammelt werden, bilden sich definitiv unschön riechende Gase. Unklar ist jedoch, inwiefern der Lüfter die Gerüche komplett aus dem Wohnmobil vertreiben kann und welche "Erlebnisse" beim Entleeren entstehen...

Die Alternative: Trenntoilette oder Trennkomposttoilette

Vor allem wegen der Umweltunverträglichkeit, dem Geruch und den längeren Entleerungszyklen haben wir uns nach Alternativen umgesehen. Die Lösung heißt Trockentrenntoilette bzw. Trennkomposttoilette.

Es gibt momentan zwei etablierte Hersteller für Trennkomposttoiletten, die beide ursprünglich aus dem Marinebereich kommen: Nature's Head und Air Head. Die Modelle beider Hersteller sind qualitativ mit einem normalen WC vergleichbar. Optisch und funktional unterscheiden sich nur minimal voneinander. Willst Du selbst Hand anlegen, dann lohnt sich ein Blick auf den stabil wirkenden Trenntoiletten-Bausatz von Kildwick. Mit Preisen ab 299€ ist der Bausatz deutlich günstiger als die Modelle von Nature's Head und Air Head, die beide ca. 1000€ kosten.

Trenntoiletten funktionieren mit zwei Behältern. Einen für "Flüssiges" (vorne) und einen für feste Ausscheidungen (hinten). Durch das Trennen von Flüssigem und Festem entsteht kein Geruch. Benutzt wird die Trenntoilette wie eine normale Toilette - allerdings ohne zu spülen.

Im Gegensatz zu Kassettentoiletten kann komplett auf Chemie verzichtet werden. Im hinteren Behälter befinden sich angefeuchtete Kokosfasern (ähnlich wie Blumenerde). Nach dem „großen Geschäft" werden mit Hilfe einer seitlich angebrachten Kurbel die Ausscheidungen mit den Kokosfasern vermischt. Ein kleiner Ventilator mit Schlauchverbindung nach außen sorgt für einen leichten, aber stetigen Luftzug im Behälter. Im Behälter selbst siedeln sich (harmlose) Bakterien an, die die Kokosfasern zusammen mit den Exkrementen kompostieren. Der Luftzug unterstützt den Kompostvorgang.

Wenn der Feststoffbehälter nach ca. 4-6 Wochen voll ist, entleert man ausschließlich kompostierte Erde; entweder in den Hausmüll oder auf den Komposthaufen (Achtung: Kompost mit menschlichen Exkrementen muss mindestens 3-4 Jahre reifen, bevor er im eigenen Garten verwendet werden kann). Der Flüssigkeitsbehälter ist nach 2-3 Tage voll und kann, genau wie normales „Grau"-Wasser, in die Kanalisation entsorgt werden.

Nach der Entleerung kommen in den hinteren Feststoffbehälter neue angefeuchtete Kokosfasern. Auf eine intensive Reinigung sollte verzichtet werden, da ansonsten die Bakterienkulturen abgetötet werden. In den vorderen Behälter kommen lediglich ein paar Tropfen Essig, um Ablagerungen zu vermeiden.

Denjenigen, die sich mit der Entleerung von Trenntoiletten erstmal unwohl fühlen, können wir ein unterhaltsames Erklärvideo von Gone with the Wynns auf YouTube sehr empfehlen.

Die Entleerung der Trenntoiletten ist nicht nur seltener notwendig, sondern auch unabhängig von Servicestationen. Es entstehen keine Gerüche; weder durch Fäkalien noch durch Chemie. Und zu guter Letzt sind Trenntoiletten 100% umweltfreundlich.

Theoretisch gibt es noch die Option der Verbrennungstoilette, bei der die Fäkalien direkt nach dem Geschäft verbrannt werden. Diese wirst Du - wenn überhaupt in Europa - nur bei sehr großen Wohnmobilen finden. Denn diese verbrauchen viele Ressourcen bei der Verbrennung.

KOCHEN - LECKER ESSEN AUS DER MINIKÜCHE.

In den meisten Wohnmobilen ist ein Gasherd eingebaut - je nach Größe des Wohnmobils mal zwei oder drei Flammen. Und was sollen wir sagen - Kochen darauf ist großartig. Wenn Du vorher noch nie mit Gas gekocht hast, solltest Du aufpassen, dass Dir nichts anbrennt, denn mit Gas geht es deutlich schneller. Vor dem Losfahren solltest Du einmal Deine Töpfe auf dem neuen Herd ausprobieren. Zu große Töpfe oder Pfannen blockieren leicht ein zweites Kochfeld.

BACKEN - KUCHEN VOM GASHERD.

Backen klingt wie ein Luxus fürs Wohnmobilleben. Backen in einem normalen Backofen im Wohnmobil ist auch Luxus und Du solltest Dir genau überlegen, ob Du wirklich einen Backofen brauchst, denn er ist teuer (gerne über 600€), schwer und nimmt viel Platz weg.

Es gibt jedoch eine Möglichkeit, dass Du im Wohnmobil nicht auf Kuchen und Aufläufe verzichten musst. - Der Omnia Backofen. Er kostet ca. 100€ und wiegt nur ein paar hundert Gramm. Der Backofen sieht aus, wie eine große Gugelhupfform mit Deckel. Form und Deckel sind aus Aluminium und werden auf eine Edelstahlschale gestellt. Das Ensemble kommt auf den Gasherd. Das Gas erhitzt die Edelstahlschale, die die Hitze an die Form weitergibt. Außerdem steigt die Hitze durch die Öffnung in der Mitte nach oben und wird dann am Deckel reflektiert. Dadurch bekommt man im Endeffekt Ober- und Unterhitze wie in einem Backofen zu Hause. Wer ungerne Aluformen sauber schrubbt oder gerne Aufläufe mit Tomate oder anderen Säuren macht, sollte sich zusätzlich die Silikonform für den Omniabackofen zulegen. Zum Brötchen aufbacken gibt es noch ein Aufbackgitter als Zubehör.

KAFFEE – VOM GASHERD

Was wäre die Welt ohne Kaffee? Gehörst Du auch zu den Kaffeejunkies? Grundsätzlich kannst Du natürlich Deine Kaffeemaschine von zu Hause mitbringen. Diese benötigt jedoch wieder einmal 230V Strom und der ist, wie wir mittlerweile wissen, eine echte Premium-Ressource. Eigentlich gibt es ihn nur auf Campingplätzen oder auf manchen Stellplätzen. Zudem kostet er häufig extra - bis zu 5€ am Tag.

Bevor Du dich jetzt vom Wohnmobilleben abschrecken lässt… es gibt natürlich andere Varianten:

Trinkst Du gerne Kaffee aus einer Espressomaschine, wirst Du den Kaffee aus einer Bialetti mögen. Eine Bialetti funktioniert ähnlich wie eine Espressomaschine, nur für den Gasherd. Es gibt sie aus Aluminium und Edelstahl. Sie besteht aus drei Teilen: Einem Wassertank, einem Kaffeesieb und einem Kaffeeauffangbehälter. Die drei Teile werden übereinander geschraubt und dann so auf den Gasherd gestellt. Wenn das Wasser kocht, steigt der Wasserdampf hoch, nimmt dabei das Aroma vom Kaffeepulver auf und kondensiert im Kaffeeauffangbehälter. Du hörst, wenn der Kaffee fertig ist, denn es zischt dann leicht. Den fertigen Kaffee gießt Du in Deine Tasse, fertig.

Die French Press besteht aus einer Kaffeekanne mit einem Sieb, das an einem Stab befestigt ist. Dieser ist im Deckel verankert. Die Nutzung ist einfach. Du gibst Kaffeepulver in die Kanne, gießt den Kaffee mit kochendem Wasser auf, lässt ihn viereinhalb Minuten ziehen und drückst dann langsam den Stab runter, so dass das Sieb den Kaffeesatz nach unten drückt und oberhalb des Siebs nur noch normaler Filterkaffee ist. Dann gießt Du den Kaffee in Deine Tasse und fertig. Der Vorteil der French Press ist, dass Du mehr Kaffee auf einmal kochen kannst als mit der Bialetti.

Zum Schluss kannst Du Deinen Kaffee auch auf Türkische Art trinken. Dafür gibst Du Kaffeepulver direkt in Deine Tasse und brühst ihn mit kochendem Wasser auf. Fertig. Der Vorteil ist, dass Du beliebig viel Kaffee hintereinander machen kannst. Der Nachteil ist, dass Du am Ende Kaffeesatz in deiner Tasse hast und auch wenn er sich unten absetzt, mag nicht jeder die feinen Körner im Mund bei den letzten Schlucken.

Egal für welche Kaffeevariante Du Dich auch entscheidest, achte darauf, dass Du den richtigen Mahlgrad für Deinen Kaffee verwendest. Die French Press oder auch türkischer Kaffee braucht zum Beispiel einen groben Mahlgrad, damit der Kaffee nicht zu bitter wird. Dagegen braucht die Bialetti eher einen feinen Mahlgrad.

KÜHLSCHRANK - VORRÄTE GEKÜHLT.

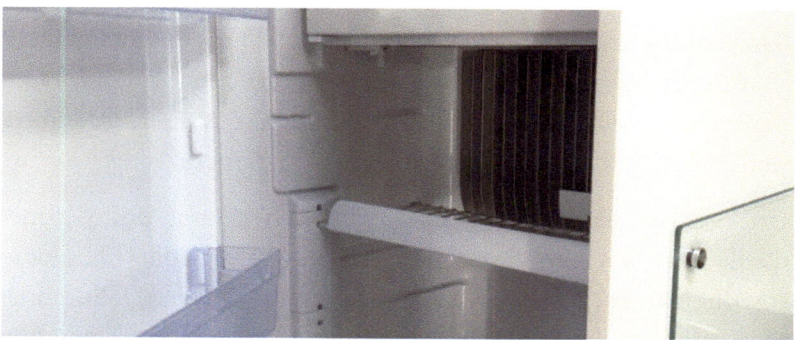

Ganz einfach. Es gibt einen Kühlschrank. Die Größe des Kühlschranks hängt auch von der Größe des Wohnmobils ab. In Vans findet man vor allem 45-90 l Kühlschränke; während in größeren Wohnmobilen durchaus Kühlschränke mit 140 l

Volumen üblich sind. Der größte von Dometic - dem bekanntesten Kühlschrankanbieter für Wohnmobile - angebotene Kühlschrank fasst 177 l und ist damit genau so groß wie die Einbaukühlschränke zu Hause, die üblicherweise 170 l fassen.

An sich gibt es zwei Technologien für Kühlschränke: Kompressorkühlschränke und Absorberkühlschränke.

Der Standard: Absorberkühlschrank

Absorberkühlschränke sind häufiger in Wohnmobilen verbaut, denn sie sind so gut wie geräuschlos. Das liegt daran, dass ein Kühlkreislauf genutzt wird, der mittels chemischer Reaktion funktioniert. Dafür wird in Wasser gelöstes Ammoniak erhitzt. Es trennt sich vom Wasser, verdampft und "fliegt" durch ein dünnes Rohr nach oben und verschließt den Rückfluss. Durch das Verdampfen entsteht Druck und unter diesem Druck zusammen mit der kühlenden Luft, die durch Schlitze in der Außenwand des Wohnmobils strömt, wird das Ammoniak wieder flüssig. Das flüssige Ammoniak wird dann durch den Verdampfer im Kühlschrankinneren geleitet. Der Druck nimmt ab und das Ammoniak wird wieder gasförmig. Dies braucht jedoch Wärme, die aus dem Kühlschrankinneren gezogen wird. Das Gas fließt dann weiter und trifft dann wieder auf Wasser, in dem es sich löst. Dann beginnt der Kreislauf von Neuem.

Um den Kreislauf am Leben zu erhalten, wird nur eine Wärmequelle zum Erhitzen des Ammoniakwassers benötigt. Dies kann sowohl Strom (12V oder 230V) als auch Gas sein. Dadurch ist es möglich, dass ein Absorberkühlschrank problemlos zwischen Strom und Gas hin und her schalten kann. Im Stand verwendet der Kühlschrank 230V Landstrom oder alternativ Gas. Während der Fahrt schaltet der Kühlschrank auf 12V. Diese Leistung reicht jedoch nicht zum Herunterkühlen, sondern lediglich, um eine niedrige Temperatur zu halten. Nicht wundern: Häufig wird erst mit einer Zeitverzögerung von 15 Minuten von 12V Strom auf Gas umgestellt, um Unfälle an Tankstellen zu vermeiden. Ein Nachteil des Absorberkühlschranks besteht darin, dass er bei hohen Außentemperaturen (>35 Grad) nicht so gut kühlt, da "kühle" Außenluft benötigt wird, um das Ammoniak zu verflüssigen. Strömt es nämlich gasförmig in den Verdampfer, wird keine Wärme aus der Umgebung benötigt. Auch bei Temperaturen unter 10 Grad lässt die Kühlleistung nach.

Die Alternative: Kompressorkühlschrank

Grundsätzlich funktioniert der Kompressorkühlschrank nach einem ähnlichen Kreislaufprinzip. Allerdings ist der "Antrieb" ein anderer. Während beim Absorberkühlschrank sich die chemischen Eigenschaften von Ammoniak genutzt werden, wird beim Kompressorkühlschrank ein gasförmiges Kühlmittel (meist Propan-Butan-Mischung) mittels Kompressors so unter Druck gesetzt, dass es flüssig wird. Dieses flüssige "Gas" wird dann ebenso in einen Verdampfer geleitet, bei dem der Druck weggenommen wird und sich mithilfe der Umgebungswärme wieder in Gas umwandelt.

Der Kompressor benötigt Strom. Daher ist bei einem Kompressorkühlschrank kein Umschalten auf den Gasbetrieb möglich. Auch wird mehr Strom benötigt als beim Absorberkühlschrank. Dafür benötigt der Kompressorkühlschrank keine Luftschlitze in der Wohnmobilhaut und kühlt auch bei hohen Temperaturen zuverlässig. Übrigens: Dein Kühlschrank zu Hause ist auch ein Kompressorkühlschrank.

TRINKWASSER - GEFAHRLOS AUS DEM HAHN TRINKEN.

Kann man das Wasser aus dem Tank trinken? Die klare Antwort auf die Frage ist: Es kommt darauf an. Und zwar darauf, wie Du mit Deinem Tank und mit dem Wasser umgehst und wie Du filterst. Grundsätzlich kannst Du aus jedem Wasser Trinkwasser machen sofern Du die richtige Ausrüstung dafür hast. Um jedoch z.B. aus Wasser aus einem Teich Trinkwasser zu machen, brauchst Du entweder eine Minikläranlage oder viel Chemie. Beides ist jedoch nicht besonders praktikabel. Deshalb ist es wichtig, dass Du bereits solches Wasser tankst, das als Trinkwasser ausgewiesen ist. Weiterhin ist es gut, wenn Du Deinen eigenen Schlauch verwendest und nicht den eventuell bereits vorhandenen. Du weißt nie, ob Dein Vorgänger damit nicht seine Toilettenkassette gereinigt hat. Diese beiden Punkte sind unserer Meinung nach für jeden relevant, der Wasser in sein Wohnmobil füllt.

Willst Du jedoch das Wasser aus dem Tank trinken, solltest Du noch weiter gehen. Wir empfehlen Dir zwei Filter: einen Befüllfilter und einen Abnahmefilter. Den Befüllfilter nutzt Du beim Betanken Deines Wohnmobils. Du kannst ihn mit Hilfe von Gardena Adaptern an Deinen Schlauch klippen. Damit stellst Du sicher, das bestmögliche Wasser in deinem Tank zu haben. Während Du autark unterwegs bist, wirst Du wahrscheinlich zweimal pro Woche frisches Wasser tanken. Angeblich hält sich Frischwasser in einem abgeschlossenen, lichtgeschützten Tank bis zu 6 Wochen. Damit ist das Trinken des Wassers theoretisch sicher.

Dennoch bildet sich mit der Zeit ein Biofilm im Tank, der einen wunderbaren Nährboden für Bakterien darstellt. Deshalb solltest Du bei Dauernutzung Deinen Tank mindestens einmal pro Jahr reinigen – selbst mit einem Befüllfilter.

Wir fühlen uns jedenfalls wohler, wenn wir das Wasser, das wir trinken, noch einmal filtern. Dafür haben wir einen Wasserfilter direkt vor dem Hahn eingebaut, der das gefilterte Wasser liefern soll.

Wir haben den Wasserfilter US-E2 von 3M bei uns eingebaut. Mit knapp 200€ ist der Filter nicht unbedingt günstig. Dafür filtert er im Gegensatz zu der „kleineren" Version, dem Wasserfilter US-E1, auch mikrobiologische Verunreinigungen heraus.

Laut Hersteller entfernt er:

- mehr als 95% Chlor
- 99,99% der Bakterien, Zysten und Algen
- Bodensatz, Schmutz, Rost und Sand bis zu einer Größe von 0,2 Mikrometer

Beim Tauschen der Filterkartusche sorgt ein automatischer Wasserstop dafür, dass alles trocken bleibt. Alle 7.500 Liter muss die Filterkartusche gewechselt werden.

Wir haben uns entschieden, den Wasserfilter direkt am Kaltwasser des Küchenwasserhahns einzubauen. Aus diesem Wasserhahn entnehmen wir entweder warmes Wasser zum Abwaschen oder kaltes Wasser zum Kochen. Wenn dies ebenfalls gefiltert wird, kann es nicht schaden. Und jetzt kommt aus diesem Wasserhahn eben auch unser Trinkwasser. Selbst leichter Chlorgeschmack, der noch durch den Befüllfilter durchkommt, wird spätestens mit unserem Abnahmefilter entfernt. Somit können wir uns einen separaten Trinkwassertank bzw. viele gekaufte Trinkflaschen sparen, die einerseits teuer und schwer sind und andererseits viel Müll produzieren würden.

LICHT - DIE GANZE NACHT HELL.

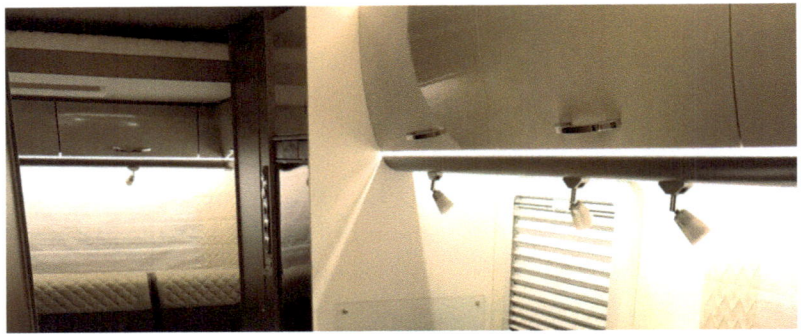

In Wohnmobilen gibt es ganz normale Lampen, die mit einem Lichtschalter bedient werden. Du brauchst also keine eigenen Lampen mitbringen, wenn Du in ein Wohnmobil ziehst. Selbst wenn Du eine Lieblingslampe hast, solltest Du sie lieber zu Hause lassen. Denn im Wohnmobilleben ist 230 Volt-Strom nur selten verfügbar. Somit funktionieren alle Lampen - wie auch die meisten Geräte im Wohnmobil - mit 12 Volt Strom. Auch sind in allen Lampen LEDs verbaut. Damit verbrauchen sie weniger Strom - in neueren Wohnmobilen auch als stylishe Lichtbänder für indirektes Licht.

HANDY, LAPTOP UND TABLET - AUFLADEN MIT DER WOHNMOBILBATTERIE

Willst Du Dein Notebook mit ins Wohnmobil nehmen, musst Du es früher oder später laden. Die 12V aus der Auto-/Wohnmobil-Batterie reichen dafür jedoch nicht aus. Die mitgelieferten Laptop-Ladegeräte benötigen 230V. Was also tun, wenn kein Landstrom zur Verfügung steht? Ein Spannungswandler wäre eine Lösung. Er wandelt 12V DC in 230V AC um. Das Laptop-Ladegerät wandelt die 230V AC dann wieder um; z.B. in 14,5V DC für ein MacBook Air. Dieses „hoch-runter" Wandeln ist natürlich verlustreich und belastet die Wohnmobil-Batterie.

Daher haben wir uns für das Laptop Auto Ladegerät von Gissaral entschieden. Das Ladegerät wird in den Zigarettenanzünder gesteckt und liefert (über den mittleren Ausgang) zwischen 13,5V und 20V (max. 90W) zum Laden von Notebooks. Das Ladegerät hat zusätzlich 2 USB-Anschlüsse, die jeweils 5V (max. 20W) zum Laden von Handy, Tablet oder LTE-Router liefern.

Da wir ein MacBook Air besitzen, haben wir das Ladegerät mit MacSafe 2 Adapter gekauft. Die Ladezeit ist vergleichbar mit einem 230V-Netzteil und dauert ca. zwei Stunden, um einmal komplett zu laden. Der Stromverbrauch für einmal Aufladen beträgt ca. 3,6 Ah.

Wir haben außerdem auch ein MacBook. Daher haben wir zusätzlich einen USB-C Adapter bestellt. Wir laden also mit einem Ladegerät zwei unterschiedliche Laptops. Sehr Praktisch!

Gissaral bietet übrigens noch weitere Adapter für viele andere Notebook-Modelle an. Ein Blick lohnt sich also.

INTERNET - ÜBERALL ONLINE SEIN

Internet gibt es nicht in den Standardkonfigurationen der Wohnmobilhersteller, aber Du kannst es leicht selbst nachrüsten. Du brauchst dafür nur einen WLAN Router. Wir haben z.B. den LTE Router Netgear Nighthawk M1, aber es funktioniert auch jeder andere LTE Router. In den Router steckst Du eine lokale bzw. länderspezifische LTE SIM Karte und schon kann es losgehen. SIM Karten mit großen Datenvolumen bekommst Du eigentlich in jedem Land günstiger als in Deutschland.

Wir sind beim französischen Anbieter free hängen geblieben. Er bietet in ganz Europa 25GB für knapp 20€ (2021). Damit kannst Du fast alles machen. Updates und größere Downloads machen wir allerdings auch nur in den freien WLANs von Cafés. Und Netflix geht bei diesem Volumen natürlich auch nicht. Aber auf YouTube musst Du zum Beispiel nicht verzichten - nur wähle lieber 240 - 360p statt HD.

Teil 2: Die Ressourcen

In diesem Teil schauen wir uns die wichtigsten Ressourcen im Detail an. Wir zeigen Dir, wie das mit Gas, Wasser und Strom funktioniert (Achtung: Es wird etwas technischer) und geben Dir Tipps, wie Du möglichst lange autark unterwegs sein kannst.

STROM

Strom ist wohl die Ressource, die wirklich jeder braucht. Zumindest haben wir selbst unter den absoluten Minimalisten noch nie jemanden ohne Licht getroffen.

Wir brauchen immer wieder drei Größen in diesem Kapitel, nämlich Stromstärke, Stromspannung und Stromleistung. Und wenn Du – wie wir zu Beginn unserer Reise – Dich jetzt nicht so genau an Deinen Physikunterricht zurückerinnerst, haben wir hier vereinfachte Erklärungen dieser drei Begriffe für Nicht-Techniker.

Zunächst einmal jedoch, was ist Strom? Strom sind negativ geladene Teilchen (Elektronen), die durch einen Leiter z.B. ein Kabel fließen. Das tun die Elektronen, weil auf der anderen Seite positiv geladenen Teilchen (Protonen) auf sie warten. Damit also überhaupt Strom fließen kann, müssen Atome von ihren Elektronen getrennt werden. Wird z.B. eine Batterie geladen, passiert genau das: es werden die Atome in Elektronen und Protonen aufgespalten.

Vereinfacht kann man sich also eine Batterie so vorstellen, dass es zwei Kammern gibt – eine mit Elektronen und eine mit Protonen. Stellt man sich weiterhin vor, dass vor der Batterie eine Steckdose ist, dann ist ein Steckdosenloch mit der Kammer verbunden, in der sich die Elektronen befinden, und das andere Steckdosenloch mit der Kammer, in der die positiv geladenen Teilchen sind. Je mehr Elektronen in der einen Kammer sind, desto größer ist der Druck, den die Elektronen verspüren, um sich wieder mit dem restlichen Atom zu vereinen. Und dieser Druck ist die Stromspannung.

Steckst Du nun ein Gerät in diese Steckdose, dann schließt sich der Stromkreis, denn die Elektronen gehen von der einen Kammer durch das Gerät zur anderen Kammer. Misst Du an einer Stelle, wie hoch die Ladung aller Elektronen ist, die an einem Punkt vorbeirauschen, erhältst Du die Stromstärke.

Wird gemessen, wie viel Energie in einer bestimmten Zeit z.B. einer Stunde abgenommen werden kann, ist das die Stromleistung. Die mögliche Stromleistung ergibt sich aus dem Produkt von Stromspannung und Stromstärke. Wie viel Stromleistung tatsächlich abgenommen wird, hängt vom Gerät ab. Auf Geräten wird üblicherweise die Leistung pro Stunde angegeben, d.h. ein 1800 W Fön braucht 1800 W pro Stunde.

Zusammengefasst:

Ampere (A) = Stromstärke, ist die Summe der Ladung der Elektronen, die in einer Sekunde an einer bestimmten Stelle eines Leiters vorbeifließen. Übliche Größen 1 A – 16 A

Volt (V) = Stromspannung, ist der Antrieb (vergleichbar mit Wasserdruck) des Stroms, wie sehr wollen die Elektronen zu den positiv geladenen Teilchen. Übliche Größen 12 V / 230 V

Watt (W) = Stromleistung ist das Produkt aus Stromstärke und Stromspannung, d.h. sie zeigt an, wieviel Energie in einer bestimmten Zeit abgenommen werden kann. Übliche Größen 1,5 W (Handy) – 6000 W (Heizung)

Und der Zusammenhang zwischen den drei Größen lautet: 1 W = 1 A * 1 V

Nachdem die Grundlagen geklärt sind, kommen wir nun zu den konkreten Fällen. Es gibt zwei Stromspannungen im Wohnmobil: 12 Volt und 230 Volt.

12 Volt

Die meisten Geräte im Wohnmobil arbeiten mit einer Spannung von 12 Volt. Diese sind z.B. Licht, Lüftungen, Verteilung der Heizluft (bei einer Luftheizung), Wasserpumpe, Bettmotoren (bei Hubbetten). Mit 12 Volt kannst Du auch Dein Handy oder Laptop laden.

Der Strom dafür kommt aus einer Batterie, der sogenannten Aufbaubatterie. Diese ist zusätzlich zur normalen Autobatterie, der Starterbatterie, eingebaut. Serienmäßig kommen die meisten Wohnmobile mit einer AGM-Aufbaubatterie mit einer Kapazität von 95 Ah (= 95 Stunden á 1 Ampere). AGM (Absorbent Glass Mat) Batterien sind Blei-Säure Batterien, bei der die Schwefelsäure in einem Vlies aus Glasfaser gebunden ist. Damit erlauben die Batterien auch Schräglagen. Zu beachten ist, dass dieser Batterietyp nur zu 50% entladen werden darf, d.h. es dürfe nur ca.

47 Ah entnommen werden. Mit der Zeit verliert eine Batterie übrigens an Fähigkeit, die Elektronen von den Atomen zu trennen und die Spannung und die Kapazität nimmt im Zeitverlauf ab. Eine normale Batterie hält ungefähr 300 solcher Ladezyklen bis sie nicht mehr genügend Spannung aufbauen kann, um sinnvoll genutzt zu werden.

Für die Batterie gibt es serienmäßig auch eine Anzeige im Wohnmobil. Diese zeigt jedoch unserer Erfahrung nach unpraktischerweise die Spannung an und nicht die noch verfügbaren Amperestunden. Die Skala reicht von 11 – 13,3 Volt. Wie kann es dazu kommen, wenn es doch 12 Volt Spannung heißt? Das liegt daran, dass die Geräte, die mit 12 Volt Spannung funktionieren durchaus eine gewisse Toleranz bezüglich der Spannung haben, ohne dass sie gleich kaputt gehen. Und wie wir in der Erklärung zur Spannung beschrieben haben, stellt die Spannung den Antrieb der Elektronen dar, wieder zum Pluspol zu gelangen und dieser Antrieb ist um so größer je mehr Elektronen vom Pluspol getrennt sind, d.h. je mehr die Batterie geladen ist. Theoretisch kann man aus der Spannung auch ausrechnen, wie voll die Batterie ist. Auch wenn der Hersteller eine Ampel hinter die Spannungen gelegt hat, war uns das immer zu wage.

Besser ist es, sich einen Batteriecomputer einzubauen. Wer sich das nicht zutraut, kann das in einer Werkstatt machen. So ein

Batteriecomputer kostet ca. 100-200€ je nach Modell. Wir haben den Batterie-Computer S100 von Votronic. Der Einbau kostet noch einmal 300€. Wir haben es selbst eingebaut und es hat ca. einen Nachmittag gedauert. Am aufwändigsten war, die Kabel so zu verlegen, dass man sie nicht sieht. Mit dem Batteriecomputer bekommst Du ein gutes Gefühl für den tatsächlichen Verbrauch. Und er zeigt zuverlässig die Restkapazität an. Sehr beruhigend.

Wir haben für Euch den Verbrauch einzelner Geräte gemessen:

Grundumsatz (inkl. Lüfter der Trenntoilette)	0,3 Ah
1 LED-Spot	0,2 Ah
LED-Leuchtband / Indirekte Beleuchtung (pro Leuchtband, wir haben insgesamt 3)	1,3 Ah
Lüfter der Heizung (gemessen bei 15° Temperaturdifferenz außen zu innen)	0,4 Ah
Lüfter im Bad	0,1 Ah
Wasserpumpe (nur, wenn man tatsächlich Wasser abnimmt)	2,9 Ah
Handy laden (iPhone 7)	0,8 Ah
Notebook laden (MacBook Air 2014)	3,6 Ah

Pro Tag kannst Du also im Sommer mit einem Stromverbrauch von ca. 15-18 A rechnen und im Winter brauchst Du wahrscheinlich eher 30-35 A. Damit muss eine Standardbatterie im Winter einmal pro Tag und im Sommer immer noch aller zweieinhalb Tage wieder aufgeladen werden.

Stehst Du gerne frei mit Deinem Wohnmobil, wird Dir ein Aufladen alle 1-2 Tage vielleicht zu häufig sein. Doch was kannst Du tun?

Zweite Aufbaubatterie einbauen

Damit verdoppelst Du auf einen Schlag Deine Reichweite auf alle zwei Tage im Winter und alle 5 Tage im Sommer. Wenn Du Dir ein neues Wohnmobil kaufst, lohnt es sich, gleich zwei Aufbaubatterien zu wählen. Dann sind beide Batterien gleich alt und haben damit eine längere Haltbarkeit. Denn wenn beide Batterien unterschiedlich alt sind, orientiert sich die Kapazität an der älteren der beiden Batterien. Auch ist es wichtig, dass beide Batterien das gleiche Modell sind.

Lithium Batterien einbauen

Außer den AGM Batterien, die standardmäßig in Wohnmobilen verbaut sind, gibt es noch einen weiteren Batterietyp, der für Wohnmobile gut geeignet ist: Lithium-Eisenphosphat-Akkumulatoren (LiFePo4). Gegenüber Blei-Säure-Batterien besitzen die Lithium-Eisenphosphat-Batterien deutliche Vorteile in Bezug auf Größe, Gewicht, Kapazität, Lade- und Entladeverhalten sowie Lebensdauer. Du kommst mit einer LiFePo4-Batterie so weit wie mit zwei AGM-Batterien, sparst auch noch an Gewicht und Platz.

Zusammenfassend seht ihr in der folgenden Tabelle die Vor- und Nachteile der einzelnen Batterietypen. Der einzige Grund, warum AGM-Akkus standardmäßig in Wohnmobilen verbaut ist, ist ihr niedriger Anschaffungspreis.

	AGM (Blei-Schwefelsäure)	LiFePo4 (Lithium-Eisenphosphat)
Vorteile	+ günstig in der Anschaffung (ca. 150-200€)	+ viel leichter (ca. 50% leichter als AGM) + umweltfreundlicher (Blei vs. Lithium) + kann bis zu 100% entladen werden (sollte nur nicht komplett entladen oder komplett geladen gelagert werden) + mehr als 3000 Ladezyklen → Anschaffungspreis / Ladezyklus = 0,33€ + effizienter: Energiedichte 90Wh/kg
Nachteile	- darf nur zu 50% entladen werden - nur ca. 300 Ladezyklen → Anschaffungspreis / Ladezyklus = 0,66€ - wenig effizient: Energiedichte 20Wh/kg) - Blei ist eines der giftigsten Metalle	- teurer z.B. 100Ah knapp 1000€ - funktionieren nicht bei Temperaturen unter 5°C → also nur für Innenraum geeignet - braucht ein Batteriemanagementsystem - Lithium-Abbau benötigt sehr viel Wasser

Solaranlage aufs Dach

Eine Solaranlage ist eine sehr gute Idee, um die Reichweite zu erhöhen. Denn sie liefert sauberen und über die Anschaffungskosten hinaus kostenfreien Strom. In den Sommermonaten kann man mit einer normalen 100Wp Solaranlage je nach Reiseziel fast den gesamten täglichen Strombedarf decken und ist damit quasi autark.

Anders sieht es im Winter aus, denn die Sonnenscheindauer ist begrenzt. Gehen wir davon aus, dass Du im Winter lieber in den Süden fährst, dann verlängert die Solaranlage die Zeit, die Du freistehen kannst, auf bis maximal 4 Tage.

Um wirklich das Beste aus Deiner Solaranlage rauszuholen, solltest Du auch auf den verbauten Solarladeregler achten.

Ein Solarladeregler steuert den Ladestrom vom Solarpanel zur Batterie. Es gibt zwei unterschiedliche Typen: PWM Laderegler (Pulsweitenmodulation) und MPPT Laderegler (Multi Power Point Tracking). Kurz gesagt, ist der MPPT Laderegler 20-30% effektiver, da er die Leistung des Solarmoduls auf die Ladespannung der Batterie umformt. Ein PWM Laderegler hingegen trennt das Solarmodul mehrfach pro Sekunde kurzzeitig von der Batterie, um die benötigte Ladespannung zu erreichen.[1]

Wir hatten jedenfalls einen PWM Laderegler verbaut und haben nun auf den Solar-Regler MPP 165 Duo Digital umgestellt.

Berechnung der notwendigen Solaranlage in Wp

	Sommer DE	Sommer IT	Winter DE	Winter IT
Täglich benötigte Strommenge	18A		35 A	
Tägliche Sonnenscheindauer	6h	10h	1,3h	4h
Strommenge, die pro Stunde durch PV-Anlage generiert werden muss	3A	2A	27A	9A
Benötigte Wp (20% Wirkungsgrad, 12V)	180Wp	120Wp	1600Wp	540Wp

Berechnung der Reichweite mit 100Wp Anlage (20% Wirkungsgrad, 12V 1,7A und 190Ah Batterie)

---

[1] Bei Amumot gibt es einen lesenswerten Artikel über die Solarladereglervarianten: www.amumot.de/solar-laderegler-12v-mppt/

	Sommer DE	Sommer IT	Winter DE	Winter IT
Strommenge, die pro Tag generiert wird	10A	17A	2A	7A
Anteil durch Solaranlage gedeckte Strommenge	56%	95%	6%	20%
Reichweite bei 190Ah Batterie	12 Tage	95 Tage	3 Tage	3,4 Tage

Ist die Batterie dann doch einmal leer bzw. hat weniger als 50% Ladung, muss sie wieder aufgeladen werden. Das geschieht entweder durch die Lichtmaschine beim Fahren oder wenn Du Dich an den Landstrom anschließt. Zum Beispiel kannst Du mit der Standard Ducato Lichtmaschine ca. 20A pro Stunde aufladen.

230 Volt – Landstrom

230 Volt gibt es im Wohnmobil normalerweise nur über das Anschließen an den Landstrom. Dafür gibt es irgendwo (entweder
in der Außenhaut oder hinter einer Versorgungsklappe) am
Wohnmobil einen 230 Volt-Anschluss, in den Du Dein Ladekabel – eine normale Verlängerungsschnur - reinsteckst. Der Stecker ist allerdings ein sogenannter CEE-Stecker. Das heißt, Du
brauchst einen Adapter von einem normalen Schukostecker auf
einen CEE Camping-Stecker. Diese sind genormt, d.h. Du
brauchst einfach nur nach CEE Camping-Stecker suchen und alles passt. Das Ladekabel an der anderen Seite steckst Du in eine
Steckdose an Ladesäulen auf Campingplätzen, Stellplätzen oder
theoretisch geht auch jede andere Steckdose zu Hause mit 230
Volt. Hier gibt es zwei Steckervarianten – mal normaler Schukostecker, mal CEE-Stecker.

Somit brauchst Du als Zubehör, um Landstrom nutzen zu können, eine Verlängerungsschnur und zwei Adapter Schuko-CEE.
Die Verlängerungsschnur sollte idealerweise eine Gummiisolie-
rung haben, damit sie auch bei kalten Temperaturen einfach wieder zusammengerollt werden kann und nicht bricht.

Die Leistung, die Du an Campingplätzen und Stellplätzen erhältst, variiert. Wir haben alles von 600 Watt – 3600 Watt

gesehen. 3600 Watt ist übrigens auch das Maximum, das in der EU möglich ist, denn es werden maximal 16 Ampere abgesichert.

Übrigens ist Strom häufig bei Campingplätzen und Stellplätzen nicht im Preis inbegriffen. Mal kostet er „nur" 3-5€ pro Tag. Aber auch astronomische Preise von 60 Cent pro kWh sind durchaus normal. Zum Vergleich: In unserer Wohnung haben wir 21 Cent pro kWh bezahlt.

Dafür gibt Landstrom ungeahnte Freiheiten im Wohnmobil. Die Heizung und der Kühlschrank verbrauchen kein Gas mehr, so dass viel seltener Gas nachgefüllt werden muss. Wir können mit einem richtigen Föhn Haare föhnen und der Thermomix kocht leckeres Essen.

Wem eine 230 Volt-Versorgung wirklich wichtig ist, kann sie auch über einen 12V-230V Spannungswandler ins Wohnmobil bekommen. Je nach Gerät erhältst Du für eine kurze Zeit (ca. 15 Minuten) 230 Volt-Strom mit einer Leistung von 400-2400W. Wie viel Leistung Du brauchst, siehst Du auf Deinen Elektroge-räten.

GAS

Gas nutzt Du für viel mehr Geräte in deinem Wohnmobil als Du wohl vermutest - Heizung, Herd und Kühlschrank.

Was ist Gas?

Unter Gas im Wohnmobil wird LPG (Liquefied Petroleum Gas) verstanden. Es wird auch Autogas genannt und ist ein Gemisch aus Propangas und Butangas. Man kann unterschiedliche Mischungsverhältnisse kaufen, wobei meist das Mischverhältnis nicht genannt wird. Der Grund, dass die beiden Gase gemischt werden, liegt in den unterschiedlichen Eigenschaften. Butan hat einen um 12% höheren Energiewert als Propan, d.h. man braucht für die gleiche Leistung ca. 12% weniger Gas. Warum nimmt man dann nicht reines Butan? Butan hat den Nachteil, dass es sich bereits bei -0,5 Grad verflüssigt, während Propan bis -42 Grad gasförmig bleibt. Damit benötigt Butan einen höheren Druck, um flüssig zu bleiben als dies in Gasflaschen der Fall ist. Dies führt auch dazu, dass der Druck bei kühlen Temperaturen (selbst oberhalb der -0,5 Grad) zu gering sein kann, um kontinuierlich Deine Heizung zu versorgen.

Was für dich die richtige Mischung ist, hängt davon ab, wohin Du mit deinem Wohnmobil möchtest. Bist Du nur im Sommer unterwegs bzw. im Winter im Süden, dann ist ein möglichst hoher Butananteil gut. Liebst Du Wintercamping, dann brauchst Du einen höheren Propananteil. Wie hoch der Anteil in Deiner Flasche ist, erfragst Du am besten bei deinem Händler oder der Tankstelle.

Wo bekomme ich das Gas her?

Grundsätzlich gibt es drei Optionen: Du kaufst Dir eine Gasflasche, Du leihst Dir eine Gasflasche, Du lässt eine Gastankflasche bzw. einen Gastank fest einbauen, die Du selbst befüllst.

Gasflasche kaufen / leihen

Eine Gasflasche kaufen und eine Gasflasche leihen funktioniert genau gleich. Du bringst Deine leere Flasche zum Baumarkt oder einem anderen Gashändler (z.B. Tankstelle oder Campingplatz) und erhältst eine neue, volle Flasche, die Du in deinem Wohnmobil anschließt. Bitte achte dabei darauf, dass Du die rote Schutzkappe dabeihast. Ohne diese Schutzkappe wird Dir kein Händler die Gasflasche abnehmen.

Der Unterschied zwischen Kaufen und Leihen besteht lediglich darin, dass Du im Falle der Kaufflasche (in Deutschland "graue Flaschen") die Flasche kaufst, d.h. sie gehört Dir und bei einer Leihflasche (in Deutschland "rote Flaschen") gehört die Flasche weiterhin dem Händler. Wenn Du irgendwann einmal keine Gasflasche mehr brauchst, dann kannst Du die Leihflasche einfach zurückgeben und erhältst das Flaschenpfand zurück. Die Kaufflasche kannst Du nicht zurückgeben, sondern musst jemanden anders finden, der sie Dir abkauft oder Du bringst sie zum Wertstoffhof.

Warum kauft also überhaupt jemand? - Leihflaschen sind händlergebunden. Holst Du immer wieder beim gleichen Händler Dein Gas, dann lohnt sich eine Leihflasche. Bist Du länger unterwegs und willst überall tauschen können, bist Du mit einer Kaufflasche besser bedient.

Es gibt noch einen Aspekt, den es sich lohnt zu berücksichtigen: das Gewicht. Es gibt von Alugas auch Gasflaschen aus Aluminium. Diese sind viel leichter als die üblichen Stahlflaschen.

Während eine Stahlflasche, die Du mit 11 kg Gas befüllen kannst, 13 kg wiegt, wiegt eine Aluminiumflasche in derselben Größe lediglich 5,5 kg. Alugasflaschen sind allerdings immer Kaufflaschen, verhältnismäßig teuer (ca. 95 € im Gegensatz zu 35€ für eine Stahlgasflasche) und Du brauchst auch einen speziellen Händler, bei dem Du leere Flaschen gegen volle tauschen kannst. Unter www.alugas.de gibt es eine Händlersuche.

Kaufst Du oder leihst Du Gasflaschen bekommst Du in der Regel reines Propangas mit einer kleinen Butanbeimischung von ca. 5%. Damit kannst Du problemlos Wintercamping machen, hast aber einen niedrigeren Energiewert.

Fährst Du mit Deinen deutschen Gasflaschen ins Ausland und möchtest neues Gas bekommen, ist das unter Umständen schwierig. Es gibt im Wesentlichen vier Fälle:

1. **Deutsche Flaschen ohne Adapter füllen**
   Deutsche Flaschen können in Belgien, Dänemark, Griechenland, Niederland, Norwegen (eingeschränkt), Österreich, Polen, Slowenien, Tschechen und Ungarn getauscht und/oder befüllt werden.
2. **Deutsche Flaschen mit Euro-Adapter füllen**
   Eine gute Investition sind die Euro Füllset Adapter. Mit diesen können deutsche Flaschen auch in Estland, Finnland (nur Flaschen mit Epsilon-Markierung), Irland, Italien, Kroatien, Lettland und Litauen gefüllt werden.
3. **Einheimische Flaschen mit Euro-Adapter anschließen**
   In Frankreich werden nur einheimische Gasflaschen gefüllt. Diese können gemietet und mit dem Euro Füllset Adaptern in deinem deutschen Wohnmobil angeschlossen werden.

4. Einheimische Flaschen mit landestypischem Adapter anschließen

- In Großbritannien muss man auf Flaschen von Calorgas sowie den passenden Adaptern zurückgreifen.

- Für isländische Flaschen benötigt man einen Gummiring zum Anschließen. Diesen gibt es allerdings umsonst zur Flasche dazu.

- Leihflaschen von AGA inklusive des vor Ort erhältlichen Adapters sind der Standard in Finnland, Norwegen und Schweden.

- An Repsol- oder Cepsa-Tankstellen kann man in Portugal und Spanien Gasflaschen mit passendem Adapter ausleihen.

- In der Schweiz kann man Schweizer Flaschen mit Druckregler mieten.

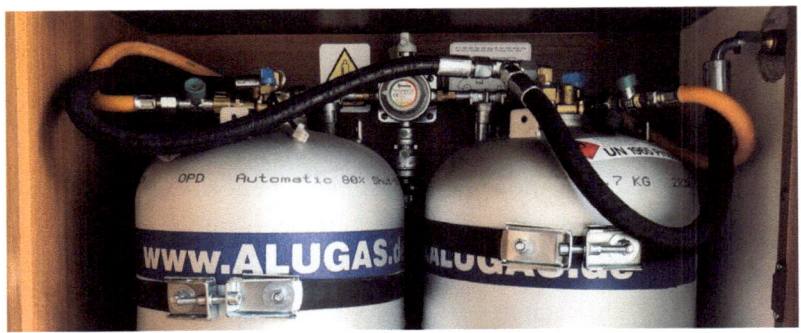

Gastankflaschen sind im Endeffekt Gasflaschen, die einerseits fest in dem Fahrzeug eingebaut sind und andererseits mit einem Füllstoppventil ausgestattet sind. Ein Gastank funktioniert genau wie Gastankflaschen, hat aber eine andere Form. Gastankflaschen gibt es genauso wie normale Gasflaschen in Stahl- und Aluminiumausführung. Die Flaschen sind z.B. bei der Gasfachfrau Karin Nöfer erhältlich. Nicht-Techniker sollten den Gastankflaschen in einer Fachwerkstatt einbauen lassen, einerseits um es richtig zu machen und die Gasprüfung zu bestehen, andererseits damit es später keine Probleme mit der Versicherung gibt.

Befüllen kannst Du Deine Gastankflaschen an jeder Autogastankstelle. Das Befüllen funktioniert ähnlich wie tanken. Als erstes musst Du einen Adapter auf den Befüllstutzen der Gasflasche schrauben. Dann setzt Du die Tankpistole dran. Manchmal musst Du sie festdrehen oder einen Hebel ziehen und dann arretiert es selbst. Wie bei normalen Tankpistolen gibt es einen Griff, den Du zum Tanken ziehen und arretieren musst. Damit wird der Druck aufgebaut. Um den Tankvorgang zu starten, musst Du an der Zapfsäule einen Knopf drücken - und ihn während des gesamten Tankvorgangs gedrückt halten bis Du entweder die gewünschte Menge Gas getankt hast (falls Du nicht volltanken willst) oder bis der Füllstopp signalisiert, dass die Flasche voll ist. Dann stoppt die Zapfsäule automatisch. Anders als beim Benzin oder Diesel kannst Du auch nicht noch ein paar Tropen extra reinpressen. Dies ist eine Sicherheitsmaßnahme, denn Du darfst Deinen Gastank maximal zu 80% füllen (das sind die 11 kg). Um den Tankvorgang abzuschließen, musst Du den Griff wieder lösen und der Überdruck zischt aus der Pistole raus. Pass da auf Deine Finger auf, denn das Gas, das aus der Pistole rauskommt, ist kalt. In vielen Ländern darfst / musst Du auch nicht selbst tanken, sondern es übernimmt ein Tankwart für dich.

Mit über 40.000 LPG Stationen gibt es ein engmaschiges Netz in ganz Europa. Auf MyLPG kannst Du leicht die nächstgelegene Gastankstelle finden. Damit entfällt das lästige Umtauschen der Flaschen. Du musst auch keine unterschiedlichen Flaschen je Land haben. Allerdings brauchst Du weiterhin ein Adapterset mit vier Befülladaptern, denn die Anschlüsse an den Autogastankstellen sind in den Ländern unterschiedlich.

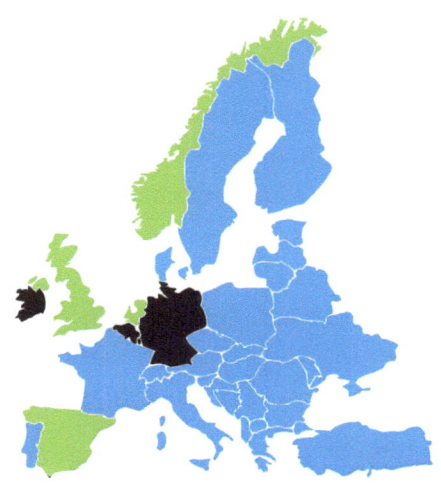

DISH 	Bosnien/Herzegowina, Bulgarien, Dänemark, Estland, Frankreich, Griechenland, Italien, Lettland, Litauen, Mazedonien, Österreich, Portugal, Polen, Rumänien, Schweden, Schweiz, Slowakei, Slowenien, Türkei Tschechien, Ukraine, Ungarn
ACME	Belgien, **Deutschland**, Irland, Luxemburg
Bajonett	England, Niederlande, Norwegen, Spanien
Euronozzle	Spanien (aber Du brauchst ihn nicht, da in Spanien auch der Bajonettadapter funktioniert)

Gastankflaschen kannst Du entweder mit innenliegenden oder mit außenliegenden Befüllanschluss einbauen lassen. In beiden Fällen wird die Gastankflasche in den vorhandenen Gaskasten fest eingebaut. In der ersten Variante ist der Befüllanschluss direkt neben der Flasche und zum Befüllen muss die Versorgungsklappe geöffnet werden. In der zweiten Variante wird der Befüllanschluss in die Außenhaut des Wohnmobils integriert und zum Gas tanken muss keine Versorgungsklappe geöffnet werden.

Technisch gesehen ist es egal, welche Variante Du hast. Der Einbau für die zweite Variante ist um einiges teurer. Es hat allerdings den Vorteil, dass Du keine Probleme beim betanken bekommst. Denn manchmal verweigern Tankstellen, dass Du Dein Fahrzeug mit Flüssiggas betankst. Wir haben dies bisher nur in Italien erlebt. Auf Nachfrage verweisen sie darauf, dass Gasflaschen nicht betankt werden dürfen. Dies ist tatsächlich der Fall, wenn die Flaschen kein Füllstoppventil besitzen und nicht fest mit dem Fahrzeug verbunden sind. Denn ohne das Ventil oder falls die Flasche kippt, kann die Flasche überfüllt werden, was sehr gefährlich werden kann. Da die Tankwarte sich jedoch nicht so gut mit der Technik auskennen, lehnen es manche einfach ab zu tanken. Sollte Dir das passieren, lass Dich nicht irritieren und fahr einfach zur nächsten Tankstelle.

An Autogastankstellen wird Propan und Butan immer gemischt. Es gibt die Optionen (Propan/Butan): 95%/5%, 70%/30%, 60%/40% und 40%/60%. Wie die Mischung ist, kannst Du bei deiner Tankstelle erfragen. Am häufigsten gibt es in Deutschland ein "Sommergemisch" (40%/60%) und ein "Wintergemisch" (60%/40%). In Südeuropa ist das "Sommergemisch" ganzjährig verfügbar, da es nicht so kalt wird und damit der Vorteil von Butan überwiegt.

Damit keine Verschmutzungen in den Gastank gelangen und ggf. die Leistung von Heizung oder Kühlschrank reduzieren, sollte beim Tanken immer einen Sinter-Filter genutzt werden. Diesen kannst Du in jeden Tankadaptern schrauben. Wenn Du ein 4er-Adapter-Set kaufst, ist ein Sinter-Filter häufig bereits enthalten.

Außerdem lohnt sich der Einbau von einem Gasfilter zwischen Gasflasche und automatischem Gasflaschenumschalter. Diese schützen effektiv vor Verölung durch Aerosole. Diesen kannst Du dir beim Kauf der Flaschen gleich mit kaufen und einbauen lassen.

Vorteile Gastankflaschen	Nachteile Gastankflaschen
Problemloses Tanken in allen Europäischen Ländern. Kein Umtauschen von Gasflaschen notwendig.	Hoher Anschaffungspreis (ca. 1.000 € für 2 Alugasflaschen) plus zusätzliche Kosten für den Einbau (ca. 1.000 €).
Es wird kein Gas „verschenkt", wenn eine halbvolle Flasche getauscht werden muss. Halbvolle Gasflaschen werden einfach bei nächster Gelegenheit wieder komplett gefüllt.	Gastankflaschen müssen alle 10 Jahre durch den TÜV geprüft werden.
Eine Autogasfüllung ist günstiger als die Gasfüllung einer Tauschflasche.	Butan wird unter 0 Grad nicht mehr gasförmig. Beim Wintercamping bei dauerhaften Minusgraden (und vor allem wenn der Tank außen angebracht ist) bleibt daher Butan im Tank zurück. Die Nettonutzmenge des Tanks wird

	dadurch bei jedem Betanken stückchenweise reduziert.

Wie viel Gas braucht man so?

Um mit dem Wohnmobil wirklich unabhängig zu sein, ist ein ausreichend großer Gasvorrat notwendig. Ausreichend bedeutet dabei jedoch für jeden etwas anderes. Reist man im Sommer für zwei Wochen auf einen Campingplatz im Süden genügt eine Gasflasche dicke, denn man braucht das Gas wahrscheinlich nur zum Kochen. Und selbst wenn man jeden Tag drei Mahlzeiten kocht und dazu noch im Omnia einen Kuchen backt, kommt man lange nicht an die Kapazitätsgrenze einer Flasche.

Anders dagegen sieht es beim Wintercamping aus, denn der größte "Gasfresser" ist definitiv die Heizung. Wir heizen zum Beispiel unser Wohnmobil tagsüber auf 22 Grad und nachts stellen wir auf 19 Grad runter. So brauchen wir in Griechenland im Winter (Tagestemperaturen von 15-17 Grad und Nachttemperaturen von 2-5 Grad) ca. 1 Flasche pro Woche. In Spanien/Portugal (Tagestemperaturen 15-20 Grad und Nachttemperaturen 8-12 Grad) hat eine Flasche bei uns ca. einen Monat gehalten. Das kürzeste war mal eine Nacht in München. Da haben wir in einer Nacht eine ganze Flasche verballert. Da hatte es aber auch -5 Grad.

Um konkreter zu werden[2]…

---

[2]   Ratgeber   Truma   Webseite   https://www.truma.com/de/de/produkte/truma-gasversorgung/ratgeber-gasverbrauch-berechnen-wohnmobil.html

Heizungen verbrauchen je nach Temperaturdifferenz, die sie überwinden müssen, zwischen 160-460g/h[3], d.h. im tiefsten Winter brauchst Du für die Heizung 11kg. Das ist eine ganze Gasflasche.

Kühlschränke sind weniger anspruchsvoll und verbrauchen 11-24g/h.

Ein Herd braucht 73-160 g/h bei voller Leistung je Brenner.[4] Aber Du kochst ja nicht stundenlang. Und selbst, wenn Du Kuchen backst oder Aufläufe machst, die mal eine Stunde dauern können, nutzt Du dafür nur die kleinste Flamme und brauchst dann höchstens die Hälfte der vollen Leistung.

Zusammenfassend brauchst Du im Sommer so ca. 600-700g Gas pro Tag und damit hält eine 11kg-Gasflasche ca. zwei Wochen. Im Winter im Süden hält eine Gasflasche ca. 3-4 Tage und im Winter in den Bergen brauchst Du wohl oder übel eine Flasche pro Tag. Plane dementsprechend häufige Stopps zum Tanken oder Tauschen ein oder nimm mehr Flaschen mit.

---

[3] Truma: 160-460g/h und Alde 245-460g/h

[4] Dometic Kochfelder und Kombinationen Installations-, Gebrauchs- und Wartungshandbuch

Woher weiß ich, dass ich wechseln / nachtanken muss?

Auf Deinen Gastankflaschen ist eine Anzeige installiert. Diese zeigt Dir in einem Ampelsystem an, wie viel Gas Du noch in Deinen Gasflaschen hast. Wenn Du keine Lust hast, jedes Mal nach draußen zu gehen, benötigst Du einen Füllstandsanzeiger. Wir haben diesen selbst eingebaut - das Schwierigste beim Einbau ist die Stromversorgung. Wenn Du dich wohl dabei fühlst, ein Stromkabel durchzuschneiden und mit einer Lüsterklemme das Kabel zu teilen, dann kannst Du die Anzeige gut selbst einbauen. Alternativ kannst Du das auch eine Werkstatt machen lassen. Um die Füllstandsanzeige richtige zu interpretieren, ist es wichtig zu wissen:

Der Schwimmer der Füllstandsanzeige liefert erst ab einer Füllmenge von ca. 60% einen genauen Wert. Liegt der Füllstand darüber, zeigt die Livello Anzeige Vollausschlag (alle grünen LEDs leuchten). Bei einer vollen 11kg Flasche (Füllmenge = 80%) müssen also zunächst 2,5 bis 3,0 kg (ca. 20%) Gas verbraucht werden, bis die Anzeige zu messen beginnt und die erste grüne LED ausgeht.

Alternativ gibt es übrigens direkt von Truma auch ein Level Control System, welches den aktuellen Gasstand über eine App abfragen kann. Wir haben das nicht persönlich getestet, aber angeblich soll der Einbau ganz einfach sein.

Gassparideen

Wie wir oben beschrieben haben, ist die Heizung der größte Gasabnehmer im Wohnmobil. Du kannst also am meisten dadurch erreichen, dass Du Dir gassparende Routinen überlegst.

1. Stelle nachts die Heizung runter

   Schlafexperten empfehlen eine optimale Temperatur zwischen 15-18 Grad. Wir sind eher Frostbeulen und stellen nachts immer noch auf 19 Grad. Dies ist jedoch immer noch weit unter dem Tageswert von 22 Grad.

2. Überheize tagsüber nicht den Wohnraum

   Hier empfiehlt das Bundesumweltamt eine Temperatur zwischen 20-23 Grad. Insbesondere, wenn es draußen richtig kalt ist, fühlen sich bereits niedrigere Temperaturen als mollig warm an.

3. Stelle die Heizung runter, wenn Du das Wohnmobil verlässt

   Mach es Dir zur Gewohnheit, wenn Du aus dem Wohnmobil gehst, Deine Heizung runterzustellen. Das gleiche gilt auch, wenn Du fährst. Wichtig ist es jedoch, dass Du die Heizung nicht komplett ausstellst und das Wohnmobil nicht komplett auskühlt. Denn sonst braucht es noch mehr Energie, es wieder aufzuheizen. Wir stellen es immer auf 19 Grad.

4. Lüfte stoßweise

   Im Wohnmobil ist Lüften extrem wichtig - noch wichtiger als zuhause - damit sich kein Schimmel bilden kann. Lüfte lieber kurz und dafür einmal alles voll auf statt dauerhaft einen kleinen Spalt offen zu lassen. So kühlt nichts aus.

5. Nutze eine Isoverkleidung für das Fahrerhaus

Selbst wenn Du bereits Kassettenrollos hast, lohnt es sich, einen Thermovorhang an kühlen Tagen ins Wohnmobil zu klippen. Einerseits bildet sich kein Kondenswasser an den Rollos (und sie verschimmeln nicht). Andererseits sparst Du so viel Energie, die durch die Windschutzscheibe verloren gehen würde. Bei richtig kalten Temperaturen kannst Du zusätzlich auch noch einen Teppich ins Fahrerhaus legen. Für die gängigen Wohnmobilmodelle gibt es Teppiche bereits richtig zugeschnitten zu kaufen.

6. Nutze den Eco-Warmwassermodus

Bei den Truma-Heizungen gibt es einen Eco-Warmwassermodus und Hot-Warmwassermodus. Während im Modus Eco das Wasser im Boiler auf 40 Grad erwärmt wird, wird das Wasser im Hot Modus auf 60 Grad erwärmt. Da es weniger Gas verbraucht, die Temperatur zu halten als hochzuheizen, kannst Du Dir zum Beispiel überlegen, dass der eine vor- und der andere nach dem Frühstück duscht. Dadurch genügt der Eco Modus und Du brauchst nicht den gasintensiven Hot Modus nutzen. Bzw. wenn Du im Winter heizt, hast Du ohnehin ständig warmes Wasser und Du brauchst nicht extra Wasser erwärmen.

WASSER

Im Wohnmobil gibt es drei Wassertanks, einen für Frischwasser, einen für Grauwasser und einen für Schwarzwasser. Unter Frischwasser wird das Wasser verstanden, welches Du in Dein Wohnmobil einfüllst. Grauwasser ist das Brauchwasser, das durch die Spüle, das Waschbecken und die Dusche in einen Tank fließt. Als Schwarzwasser wird Wasser mit Fäkalien bezeichnet; also das Abwasser Deiner Toilette.

Frischwasser

In Deinem Wohnmobil oder Van hast Du einen Wassertank, in dem Du üblicherweise 80-120 Liter Frischwasser lagerst. Der Tank ist aus lebensmittelechtem Plastik. Ist das Wasser verbraucht, muss nachgetankt werden. Da wir das Wasser zum Kochen, Abwaschen, im Bad und zum Duschen sowie als Trinkwasser verwenden, ist der Tank nach 3-4 Tagen leer. Stehst Du auf einem Campingplatz und duscht vor Ort und wäscht auch dort ab, hält der Tank natürlich länger.

Die Standardanzeige zeigt vier Optionen an: 100%, 66%, 33% oder 0%. Nicht nur, dass die Anzeige recht ungenau ist, man muss sie auch zu interpretieren wissen. Denn im Tank sind 3 Messfühler bei 100%, bei 66% und bei 33%. Sobald der Fühler keinen Kontakt mehr mit Wasser hat, fällt die Anzeige. Damit erreichst Du die 100% praktisch nur direkt beim Tanken. Beim nächsten Händewaschen fällt die Anzeige bereits auf 66% obwohl der Tank noch fast voll ist. Das gleiche gilt für die anderen Messfühler.

Wasser tanken

Wasser findest Du recht häufig. Viele Stellplätze haben eine Frischwasserversorgung. Und auch an vielen Tankstellen kann man den Wassertank wieder füllen.

Einen Wassertank zu füllen, ist eigentlich einfach. Schlauch rein, Wasser an. Theoretisch brauchst Du kein weiteres Zubehör, denn an den meisten Versorgungsstationen hängt sogar ein Schlauch. Wir raten Dir allerdings, dass Du Dir auf jeden Fall eigenes Zubehör zulegen solltest - einerseits für Deine Gesundheit, aber auch für den Komfort. Hast Du das richtige Zubehör, kannst Du das Wasser aus dem Frischwassertank auch als Trinkwasser verwenden.

Es versteht sich von selbst, dass Du nur sauberes Wasser tanken solltest; am Besten in Trinkwasserqualität. Dies gibt es in der Regel an jeder Wohnmobil Versorgungsstation. Wichtigster Hinweis hier: Verwende immer den eigenen Schlauch! Wer weiß, ob mit dem vorinstallierten Schlauch nicht auch einmal eine Toiletten-Kassette gereinigt wurde…

Zuerst fanden wir einen dehnbaren Wasserschlauch (häufig auch FlexiSchlauch genannt) praktisch. Dieser ist aber nicht trinkwassergeeignet. Wenn Du also planst, das Wasser aus deinem Frischwassertank auch zu trinken, solltest Du Dir einen

Trinkwasserschlauch kaufen. Den gibt es zum Beispiel im Baumarkt in der Nautic Abteilung. Optimal ist eine Länge von ca. 10m.

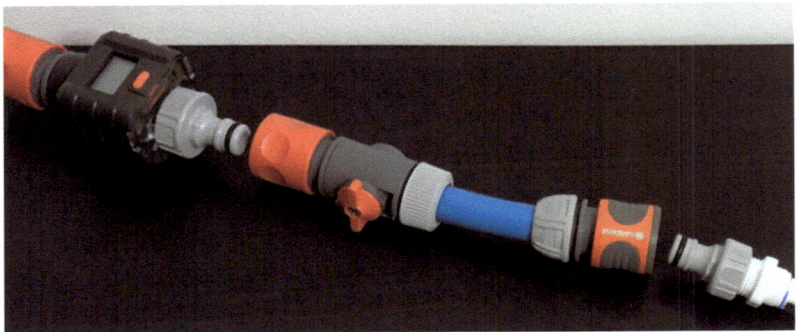

An dem Schlauch befestige am besten auf beiden Seiten Gardena Schlauchverbinder. Die Gardena Adapter haben übrigens nicht das Zertifikat "lebensmittelecht". Gardena sieht seinen USP in der Gartenbewässerung und spart sich daher die Kosten für den Zertifizierungsprozess. Allerdings sind die Adapter alle aus Polypropylen (PP) oder Acrylnitril-Butadien-Styrol (ABS) und beide Kunststoffe werden z.B. auch in der Küche bei Vorratsdosen eingesetzt.

Wenn es Dir um den Komfort geht, brauchst Du jetzt noch Hahnverbinder und einen Tankverbinder.

Um für alle eventuellen Wasserhahnanschlüsse gerüstet zu sein, investiere am besten in verschiedene Gardena Adapter in den Größen 1/2 Zoll, 3/4 Zoll und 1 Zoll. Wir nutzen übrigens am häufigsten den 3/4 Zoll Adapter. Falls gar nichts passen sollte oder Du einen Wasserhahn ohne Gewinde vorfindest, hilft der „Gardena Wasserdieb" weiter. Ein Tankverbinder heißt auch IPC auf Gardena Adapter. Den schraubst Du anstelle des Deckels auf Deinen Wassertank. Hast Du alle Adapter, steckst Du den Wasserschlauch einfach an den Hahnverbinder und den

Tankverbinder und stellst das Wasser an. Du kannst nun danebenstehen und zuschauen, wie sich Dein Wassertank füllt.

Wichtig: Auch den eigenen Schlauch solltest Du zunächst mit ein paar Liter Wasser durchspülen, bevor Du ihn mit Deinem Tank verbindest. Wie lange es dauert, bis Dein Wassertank voll ist, hängt natürlich von der Menge, die Du tanken willst, aber auch vom Wasserdruck der Versorgungsstation ab. Unserer Erfahrung nach geht es recht schnell und Du kannst damit rechnen ca. 20 Liter pro Minute zu tanken, d.h. Du brauchst ca. 5 Minuten für einen 100 Liter Tank.

Wir haben noch zwei weitere Zubehörteile, die nett, aber nicht wirklich notwendig sind:

Absperrventil, um direkt am Schlauchende das Wasser abstellen zu können, sobald der Tank voll ist.

Wasserzähler, um zum einen die Menge, also vor allem das Gewicht, besser im Auge zu behalten und zum anderen den Durchfluss (Liter/Minute) zu kontrollieren.

Für den Fall, dass Du auf einem Campingplatz oder Stellplatz stehst, aber keine Lust hast, alle paar Tage alles zusammenzupacken und zur Versorgungsstation zu fahren, lohnt es sich, eine Gießkanne oder einen Frischwasserkanister dabei zu haben.

Wasser filtern

Ob Du Dein Wasser filtern möchtest, ist eine Einstellungssache. Wir leben im Wohnmobil und trinken das Wasser (auch unser Baby) und finden es daher wichtig, dass wir wirklich Wasser in Trinkwasserqualität haben. Falls Du Dich fürs Filtern entscheidest, kannst Du das Wasser filtern, während Du Dein Wohnmobil befüllst oder wenn Du es aus dem Hahn abnimmst (oder wie wir an beiden Stellen ;-))

Befüllfilter

Um Dein Wasser direkt beim Tanken zu filtern, brauchst Du zusätzlich zu den anderen Adaptern, die Du bereits besitzt, noch einen Wasserfilter. Diese Befüllfilter gibt es ebenso mit Gardena Anschlüssen. Wir haben zwei Wasserfilter ausprobiert und können grundsätzlich beide empfehlen. Diese sind der PureOne All-in-One Filter und der Befüllfilter von ae aqua. Beide Filter haben eine Filtermembran, die mechanisch alles rausfiltert, was größer als 0,01 Mikron bzw. 0,2 Mikron ist. Die meisten Bakterien sind größer als 0,5 Mikrometer und die meisten Virionen sind 0,015-0,4 Mikrometer groß. Zusätzlich haben beide Filter noch ein antimikrobielles Netz, um noch den Rest abzutöten. In der Anwendung ist noch zu beachten, dass der PureOne Filter trocken gelagert wird während im ae aqua Filter Wasser drinbleiben muss. Wir haben uns zum Schluss für den Befüllfilter von ae aqua entschieden, weil wir das System gut finden, dass wir die Filtermembran austauschen können, ohne jedes Mal den gesamten Filter wegwerfen zu müssen. Über die Zeit lohnt es sich auch finanziell. Der ae aqua Filter ist in der Anschaffung mit 130 € zwar deutlich teurer als der PureOne (80 €). Dafür kannst Du für 60 € eine Ersatzmembran bestellen.

Wenn Du einen Befüllfilter verwendest, musst Du übrigens damit rechnen, dass Du mehr Zeit für das Wasser tanken benötigst. Die Filter brauchen ihre Zeit. Im neuen Zustand liefern die Filter zwischen 15-18 Litern pro Minute. Das nimmt jedoch schnell auf 7-8 Liter pro Minute ab. Dann wird es stetig langsamer. Wir tauschen den Filter, wenn die Geschwindigkeit dauerhaft unter 3 Liter fällt. Wie lange das dauert, hängt stark von der Wasserqualität ab. Wir hatten schon alles zwischen 1400 Liter bis 4500 Liter dabei.

Abnahmefilter

Die zweite Art Filter ist ein Abnahmefilter. Wir verwenden den US-E2 von 3M. Diesen Filter steckst Du nicht einfach irgendwo an, sondern musst ihn fest einbauen. Das ist jedoch ganz einfach. Wenn Du bereits beim Wassertanken auf gute Wasserqualität in deinem Wassertank achtest, genügt ein Filter an dem Wasserhahn, aus dem Dein Trinkwasser kommen soll. Wir haben die Kaltwasserleitung in der Küche gewählt.

Zum Einbau den Filterkopf mit einer Kaltwasserleitung möglichst dicht am Wasserhahn verbinden und dann an der Wand festschrauben. Anschließend wird die Filterkatusche mit einer Vierteldrehung in den Filterkopf eingesetzt. Das war's schon. Das Aufwändigste bestand darin, auf so kleinem Raum unter der Spüle zu werkeln. Beim Tauschen der Filterkartusche sorgt ein automatischer Wasserstop dafür, dass alles trocken bleibt. Wir sind mit unserem Wasserfilter US-E2 von 3M sehr zufrieden. Der kostet ca. 200€ und hat eine Kapazität von 7.500 Litern. Wir haben mit diesem Filter kaum Einbußen in der Durchflussgeschwindigkeit festgestellt, würden es jedoch auch nicht für die Dusche ausprobieren, wo es auf den Wasserdruck ankommt.

Durch das Filtern des Wassers kannst Du Dir einen separaten Trinkwassertank bzw. viele gekaufte Trinkflaschen sparen, die einerseits teuer sind und andererseits viel Müll produzieren würden.

Wasserqualität erhalten

Tank reinigen

Mit der Zeit lagert sich - ob man will oder nicht - ein Biofilm im Wassertank ab; der ideale Nährboden für Bakterien. Mit einem Befüllfilter kannst Du dem recht gut entgegenwirken. Trotzdem solltest Du Deinen Wassertank mindestens einmal im Jahr reinigen.

Wir hatten uns nach einiger Recherche für das Reinigungsmittel DK-DOX Aktiv Basic entschieden und sind zufrieden. Es reinigt gründlich. Außerdem ist es nach deutscher Trinkwasserverordnung zugelassen und (theoretisch) ohne nachträgliches Ausspülen verwendbar. – Also keine „Chemiekeule". Der Wirkstoff ist Chlordioxid. Die Lösung zerfällt nach ca. 6 Wochen zu Kochsalzlösung und Wasser.

Unser Reinigungsprotokoll:

0:00 h – Los geht's

Der erste Schritt ist einfach. Den Schraubverschluss vom DK-DOX Aktiv Basic öffnen, die Tablette aus dem Deckel nehmen, in die Flasche gleiten lassen, Flasche wieder verschließen und schütteln bis sich die Tablette aufgelöst hat. Durch den transparenten Deckel ist eine klare Flüssigkeit zu erkennen.

Jetzt lassen wir die Flasche 48 Stunden stehen, damit sich das Desinfektionsmittel „aktiviert".

48:00 h – Reinigungsmittel in den Wassertank

Nach 48 Stunden hat die Lösung eine deutliche Gelbfärbung bekommen. Sie kann nun verwendet werden.

Wir öffnen die seitliche Reinigungsöffnung von unserem (leerem) Wassertank und sind erstmal erstaunt, dass es gar nicht so schmutzig aussieht.

Mit einem Küchentuch wischen wir über den Boden und die Wände des Tanks soweit wir reichen können. Da der Tank jedoch waagerecht und großflächig im Doppelboden integriert ist, erreichen wir nur einen kleinen Teil. Aber alles was wir jetzt wischen, muss das Reinigungsmittel nicht auflösen 😉

Jetzt gießen wir das Reinigungsmittel in den Tank und befüllen ihn mit Wasser.

48:15 h Einwirken lassen

Unser Befüllfilter schafft ca. 7,5 Liter pro Minute. Daher brauchen wir eine Viertelstunde bis unser 120 Liter Tank komplett gefüllt ist. Nun lassen wir die Lösung für 30 Minuten einwirken.

Um unseren Wasserfilter für Trinkwasser aus dem Wasserhahn nicht unnötig zu „belasten", bauen wir ihn kurzerhand aus. Mit einer

Vierteldrehung ist die Filterkartusche entfernt und mit einer weiteren Vierteldrehung der Blindpfropfen eingesetzt.

48:45 h – Lösung in den Leitungen verteilen

Wir öffnen nacheinander die Wasserhähne warm und anschließend kalt für jeweils 15 Sekunden. So kommt das Reinigungsmittel aus dem Tank in den Warmwasserboiler und in alle Leitungen. Nun füllen wir den Wassertank noch einmal komplett auf.

48:50 h – Einwirkzeit

Jetzt beginnt die eigentliche Einwirkzeit von 12 Stunden.

Tipp für Langzeitreisende: Wir haben das Reinigungsmittel abends angesetzt, so dass wir am Abend des übernächsten Tages mit dem Einwirken beginnen konnten. So kann das Mittel bequem über Nacht wirken und wir müssen nur kurz abends und ein wenig am nächsten Morgen ohne unseren Wasservorrat auskommen.

Tipp bei stark verschmutzten Leitungen: Um verbrauchte Desinfektionslösung zu ersetzten, sollte man die Wasserhähne nach ca. 1,5 Stunden erneut kurz öffnen.

60:50h – Desinfektionsmittel ablassen

Nach der Einwirkzeit muss das System geleert werden. Wir entscheiden uns, den Tankinhalt mit dem Reinigungsmittel einmal durch alle Leitungen zu pumpen und so letzte Verschmutzungen rauszulösen. Man mag es nicht glauben, aber das dauert gut 20 Minuten.

61:10 h – System spülen 1

Auch wenn es laut Hersteller nicht notwendig ist, fühlen wir uns wohler das Wassersystem noch einmal mit Frischwasser zu spülen, bevor wir es wieder in Betrieb nehmen. Also Befüllen die Zweite. Währenddessen kann das Reinigungsmittel noch einmal seine (Rest-)Wirkung im Grauwassertank entfalten.

61:25 h – System spülen 2

Jetzt wieder alle Wasserhähne, diesmal in Mittelstellung, öffnen. Wir nutzen die Zeit, um den Grauwassertank mit unserem Wassertrolley zu entleeren und Platz für das Spülwasser zu machen.

61:45 h – Wieder Frischwasser tanken

Wir befüllen den Tank wieder mit Frischwasser. Und entleeren das Spülwasser aus dem Grauwassertank.

62:00 h – Puh, geschafft!

Der ganze Prozess dauert zwar ganz schön lange. Dafür können wir uns nun sicher sein, dass unser Wasser wirklich frisch ist und Trinkwasserqualität behält.

Frischwasser konservieren mit Silber

Im Wohnmobilfachhandel gibt es viele Silberprodukte wie z.B. Silberkugeln oder Silbernetze, die in den Frischwassertank gehängt werden können und die die Bildung von Mikroorganismen verhindern sollen. Silber und Silberverbindungen werden bereits seit einiger Zeit zur Frischwasserkonservierung eingesetzt, da Silber antibakteriell und antimikrobiell wirkt. Allerdings wird in der aktuellen Trinkwasserverordnung Silber nicht mehr in der Liste der Aufbereitungsstoffe und Desinfektionsverfahren (§ 11 der Trinkwasserverordnung, 19. Änderung / Dezember 2017) aufgeführt.

In der 18. Änderung der Trinkwasserverordnung (18. Änderung / Oktober 2015) wird Silber noch aufgeführt:

Stoffname: Silber, Silberchlorid

Verwendungszweck: Konservierung des gespeicherten Wassers in Wasserversorgungsanlagen nach § 3 Nr. 2 Buchstabe c und d TrinkwV 2001 nur bei nicht-systematischem Gebrauch im Ausnahmefall(Wohnmobile fallen unter §3 Nr. 2 **d**); *(Anm.2: In diesem Blogbeitrag ist eine Interpretation von „nicht systematisch" und „Ausnahmefall" zu finden.)*

Zulässige Zugabe: 0,1 mg/L Ag

Höchstkonzentration nach Abschluss der Aufbereitung: 0,08 mg/L Ag

Bemerkung: Für die Dauer der Zulässigkeit der Anwendung von Silberprodukten gelten die Bestimmungen des Chemikalienrechtes (Biozidverordnung).

Es ist nicht klar, warum die Trinkwasserverordnung dahingehend geändert wurde, denn die neueste öffentliche Information hat das Bundesinstitut für Risikobewertung (BfR) im Dezember

2009 mit der Stellungnahme zur Zulassung von Silber und einigen Silbersalzen zur Konservierung von Trinkwasser (ab Seite 7) veröffentlicht. Darin sieht es keine gesundheitlichen Bedenken beim Einsatz von Silbersalzen zur Trinkwasserkonservierung. In diese Bewertung bezieht das BfR zum einen ein Worst-Case-Szenario (70 Jahre alte Person trinkt 2 Liter Wasser mit max. zulässiger Silberkonzentration) und zum anderen mögliche mikrobiologische Gefahren bei einem Verbot ein. Gleichzeitig räumt das BfR ein, dass eine Re-Evaluierung mit allen verfügbaren Daten und publizierter Literatur notwendig wäre.

Unsere Interpretation

Wir sind für uns zu dem Schluss gekommen, dass die „Silber-Problematik" nur auf einen Bruchteil der Wohnmobilreisenden zutrifft:

Jeder, der sein Wohnmobil kurzzeitig am Wochenende und für den Urlaub nutzt, braucht sich keine Gedanken bei der Trinkwasserkonservierung mit Silber bzw. Silberionen machen. Auch wenn das Wasser aus dem Tank getrunken wird, wird es nicht über einen längeren Zeitraum genutzt und fällt damit unter den in der alten Trinkwasserverordnung beschriebenen Ausnahmefall.

Auch für Langzeitreisende, die das Wasser aus dem Tank NICHT konsumieren, ist die Trinkwasserverordnung und damit auch die Diskussion über Silber bzw. Silberionen zur Trinkwasserkonservierung hinfällig.

Langzeitreisende dagegen, die das Wasser aus dem Tank trinken, fallen – genau wie wir – in die oben beschriebene Kontroverse.

Auch wenn die Silberprodukte nur einen Bruchteil (10-20%) der früher zulässigen Höchstkonzentration abgeben, würden wir nach dem Grundsatz „je weniger Zusätze im Trinkwasser desto besser" auf sie verzichten. Zumal bei unserem regelmäßigen Wasserverbrauch und dem Nachfüllen alle 3-4 Tage wahrscheinlich ohnehin keine Konservierung notwendig wäre.

Grauwasser

Grauwasser ist mit Haushaltsschmutz (Seifen, Fette, Speisereste) versehenes Wasser, das keine Fäkalien enthält. Grauwasser fällt also immer an, wenn Du abwäschst, Dir die Hände wäschst oder duschst. Grauwasser wird in einem separaten Tank gesammelt. Die meisten Wohnmobile haben einen etwas kleineren Grauwassertank als Frischwassertank - also so zwischen 70-100 Liter.

Grauwasser kannst Du an Wohnmobilversorgungsstationen wieder loswerden. Dafür hat Dein Wohnmobil einen Auslass und es gibt einen Hebel, mit dem Du den Auslass öffnen kannst. Theoretisch kannst Du Dein Grauwasser auch einfach in einen Gully ablassen. Allerdings haben die meisten Städte in Westeuropa, zwei verschiedene Kanalsysteme für Oberflächenwasser / Regenwasser und Haushaltsabwasser. Wenn dem so ist, ist es wichtig, dass Du Dein Grauwasser der Haushaltsabwasserkanalisation gibst und nicht in die für

Regenwasser. Denn die Regenwasserkanalisation führt ohne Filterung direkt in Flüsse.

Wenn Du Dir unsicher bist, such lieber eine Wohnmobilentsorgungsstation. Wenn Du wirklich ganz dringend Dein Grauwasser loswerden musst und nur biologisch abbaubare Tenside verwendest, ist es übrigens besser, Dein Grauwasser in die freie Natur zu entlassen als in einen Regenwassergully. Denn so "filtern" Pflanzen und Erde Dein Grauwasser bevor es ins Grundwasser eingeht.

Da im Grauwasser auch organische Stoffe wie Nahrungsmittelreste oder Körperzellen enthalten sind, siedeln sich gerne Bakterien und andere Mikroorganismen an. Diese verwerten die organischen Teile im Wasser. Das führt dazu, dass das Grauwasser unangenehm riecht. Je nachdem, wie hochwertig Dein Wohnmobil verarbeitet ist, gibt es in den Ausflüssen Geruchsstopps. Dann riecht es nicht im Wohnmobil, sondern nur beim Ablassen des Grauwassers.

Hast Du keinen Geruchsstopp, verschließe Deine Abflüsse einfach mit einem Stöpsel. Zusätzlich kannst Du den Grauwassertank auch regelmäßig reinigen. Wenn Dich der Geruch jedoch nicht stört, brauchst Du es auch nicht, denn die Wasserkreisläufe sind getrennt und Dein Abwasser kann Dein Frischwasser nicht beeinträchtigen. Fließt Dein Wasser zu langsam aus den Waschbecken oder der Dusche ab, hilft es, 2-3 EL Natron mit etwas Wasser in den Ausguss geben, für eine halbe Stunde einwirken lassen und dann mit einer Tasse Essig nachspülen und Stöpsel drauf. Das Ganze schäumt dann ordentlich und reinigt die Rohre effektiv und umweltschonend.

Schwarzwasser

Schwarzwasser ist mit Fäkalien versetztes Abwasser. Hast Du eine Chemiekassettentoilette, hast Du nur einen Schwarzwassertank. Ganz große Wohnmobile haben manchmal auch einen richtigen Schwarzwassertank statt der Toilettenkassette.

Besitzt Du eine Trockentrenntoilette, hast Du zwei „Schwarzwassertanks", die man dann Gelbwasser- und Braunwassertank bzw. Flüssigtank und Feststofftank nennt.

Chemie-Kassetten-Toilette

Eine Kassettentoilette besteht aus einer normalen Toilette mit Toilettenspülung und einem Schwarzwassertank, der Toilettenkassette. In die Kassette gibst nach dem Entleeren Chemie - entweder in Flüssiger Form oder als Tab. Diese chemische Substanz sorgt dafür, dass sich Fäkalien und Toilettenpapier auflösen, farblich kaschiert werden, Bakterien abgetötet werden und der Geruch überlagert wird. Beim Toilettenpapier ist es wichtig, dass Du nur spezielles Wohnmobiltoilettenpapier nimmst. Das ist dünner als normales Toilettenpapier und löst sich durch die Chemie in der Kassette auf.

Die Kassettentoilette entsorgst Du alle 2-4 Tage mittels eines Entleerungsrohrs in eine spezielle Entsorgungsstation für

Chemietoiletten. Aufgrund der Chemie in der Toilette ist es wichtig, dass Du wirklich nur die spezifische Entsorgungsstation nutzt und nicht eine normale Toilette. Der Inhalt der Chemietoiletten wird in einer Grube gesammelt und von Spezialfirmen direkt zur Kläranlage gefahren.

Nach der Entleerung ist es wichtig, dass Du die Kassette gut mit Wasser spülst, damit eventuelle Reste ausgespült werden und es sich nichts festsetzt und doch anfängt zu stinken.

Trockentrenntoilette

Viel ökologischer und auch in der Handhabung praktischer ist aus unserer Sicht eine Trockentrenntoilette. Bei der Trockentrenntoilette werden flüssige von festen Ausscheidungen getrennt. Den Flüssigkeitstank solltest Du alle 2-3 Tage ausleeren und den Feststofftank alle 4-6 Wochen. Nach der Benutzung benötigst Du kein Wasser (deshalb auch Trockentoilette). Wir empfehlen ein paar Spritzer Essig nach dem kleinen Geschäft. Aber das ist eher Kosmetik als dass es die Toilette benötigt. Auch Frauen, die während ihrer Tage eine Menstruationstasse benutzen, können dies weiterhin mit einer Trockentrenntoilette machen. Das Blut kann einfach in den Feststofftank entleert werden. Da es ja flüssig ist, gib am besten etwas Kleintierstreu darauf, damit die Toilette nicht zu feucht wird. Ansonsten verstoffwechseln Deine Toilettenbakterien das Blut genauso wie auch den Kot.

Die Entsorgung ist mit einer Trockentrenntoilette um einiges einfacher. Den Urintank kannst Du einfach in einer Toilette entsorgen - oder auch in die Spezialentsorgung für Chemietoiletten. Auch ein haushaltsabwasserführender Gully kommt in Frage und im Notfall ist es auch möglich, das Urin in die Natur zu gießen. Pass dabei jedoch auf, dass es gut versickern kann und wenn

Du länger an einem Ort stehst, dass Du es nicht immer an dieselbe Stelle kippst. Eine Ladung empfinden die Pflanzen noch als Düngung - mehrere Ladungen sind hingegen schwierig und beginnen zu stinken. Falls Du selbst Medikamente nimmst, solltest Du auch davon absehen, das Urin in die Umwelt zu kippen, da diese dann so ins Grundwasser gelangen.

Den Inhalt des Feststofftanks entsorgst Du einfach in den Restmüll. Und keine Sorge, der Feststofftankinhalt riecht nicht. - Zumindest nicht nach Fäkalien, sondern eher nach ganz normaler Erde. Erst durch die Kombination von Urin und Fäkalien kommt es zum typischen ekligen Toilettengeruch.

Der „schwierigste" Geruch entsteht übrigens beim Abnehmen des Urintanks. Die Harnsäure verwandelt sich zu Ammoniak. Der riecht nicht wirklich angenehm; lässt sich aber aushalten. Vorbeugen kannst Du dem nur, indem Du den Urintank täglich leerst bevor die Harnsäure sich umwandelt.

Da Trockentrenntoiletten nicht serienmäßig in Wohnmobilen verbaut sind, musst Du selbst eine einbauen, wenn Du sie haben möchtest. Es gibt zwei "große" Hersteller - AirHead und NatureHead - die komplette Trockentrenntoiletten anbieten. Alternativ gibt es auch Bausätze oder Du kannst sie komplett selbst bauen. Da dieses Buch jedoch nicht primär die Selbstausbauer anspricht, zeigen wir Dir hier, wie Du mit den Fertigtoiletten umgehst.

Einbau Trennkomposttoilette

Zunächst muss die Chemietoilette ausgebaut werden. Dafür entnimmst Du den Fäkalientank. Dann kannst Du von außen durch die „Versorgungsklappe" die Schrauben entfernen, mit der die Toilette am Boden und an der Wand befestigt ist. Dann noch die Stecker abstecken, den Wasserschlauch am nächsten Verbindungsstück abziehen und die alte Toilette kann rausgenommen werden.

Als nächstes befestige die Komposttoilette mit den mitgelieferten Winkeln und Schrauben am Boden. Wahrscheinlich wirst Du die Löcher vorbohren müssen.

Jetzt kommt der schwierigste Teil. Einige Blogs berichten, dass sie auch ohne Entlüftung klar kommen - wir empfehlen Dir jedoch, sie einzubauen. Unserer Erfahrung nach, riecht es sonst recht erdig im Bad. Um die Entlüftung zu installieren, musst Du ein Loch in die Außenhaut des Wohnmobils bohren. Um flexibel zu bleiben - vielleicht will der nächste Besitzer tatsächlich eine Chemietoilette - ist es das Beste, das Loch in die Versorgungsklappe zu bohren. So kann man bei Bedarf einfach die Klappe austauschen und hat kein Loch in der Außenhaut. Anschließend schraubst Du von innen den Lüfter an und von außen das Kiemenblech und dichtest alles mit Silikon ab. Ein kleiner Hack: Wenn Du zusätzlich die Kante des Lochs, die ca. 4 cm breit ist, mit Duck-Tape abklebst, schützt Du das in der Außenhaut verarbeitete Styropor zusätzlich vor Nässe.

Im nächsten Schritt schließt Du den Lüfter an Strom an, kürzt den Abluftschlauch auf die gewünschte Länge und verbindest die Toilette mit dem Lüfter – dabei nicht vergessen, das Insektengitter einzusetzen.

Wenn Du möchtest, kannst Du noch ein paar Schönheitskorrekturen vornehmen. Wir haben im Bad von innen eine MDF-Platte vor die Wand geklebt, um die Löcher, die der Fäkalientank und der Spülknopf hinterlassen haben, abzudecken. In die Platte haben wir einen Schalter installiert, mit dem man den Lüfter separat an- und ausschalten kann. Außerdem haben wir die T-Schlauchverbindung, von der wir die Wasserzufuhr für die Chemietoilette abgezogen haben, durch einen geraden Schlauchverbinder ersetzt. So gibt es keine „toten" Enden in den Wasserleitungen, in denen sich Ablagerungen bilden könnten.

Entleerung Trockentrenntoilette

Alle 4-6 Wochen muss der Feststoffbehälter geleert und mit neuem Kokosmulch befüllt werden. Es bietet sich an, dass Du die Trockentrenntoilette 48 Stunden vor dem Entleeren nicht mehr nutzt, so dass alles schön durchkompostieren kann. Dann fühlt sich die Entleerung wirklich nur wie einmal Erde umfüllen an.

Der erste Schritt ist es, den Kokosmulch vorzubereiten. Dafür brauchst Du einen Block Kokosfasern und übergießt ihn mit eineinhalb Litern lauwarmen Wasser. Am besten drehst Du den Block ein paarmal, damit er sich gut vollsaugen kann. Hast Du etwas Zeit, kannst Du den Kokosblock einfach ein paar Stunden so stehen lassen und danach mit einem Schraubendreher zerkleinern. Gehörst Du zur ungeduldigen Sorte, kannst Du direkt Hand anlegen und den Block innerhalb von einer viertel Stunde zu einer schönen krümeligen Erde zerfasern. Ist der Mulch fertig, baue die Trockentrenntoilette auseinander. Um den Feststoffbehälter zu entleeren, stülpe eine feste Mülltüte (am besten undurchsichtig ;-)) über den Behälter und dreh ihn um. Auch wenn wir wissen, dass alles nur Erde ist, machen wir das nur draußen, falls mal ein paar Krümel daneben gehen. Den Müllsack kannst Du im Restmüll entsorgen. Ist der Behälter leer, füllst Du jetzt den Kokomulch ein. Bitte wasch ihn nicht aus, denn so ist sichergestellt, dass die vorhandenen Bakterien erhalten bleiben und gleich mit ihrer Arbeit beginnen können. Nun kannst Du alles wieder zusammenbauen.

Entleerungszyklus verlängern

Auch wenn das Entleeren des Feststoffbehälters keineswegs eklig ist, ist es doch Aufwand. An sich ist die Handhabung der Trockentrenntoilette sehr einfach. Es gibt nur eine Gefahr: Ist die Toilette einmal zu feucht geworden, „kippt sie um" (sieht aus wie feuchter Mutterboden) und kompostiert nicht mehr richtig. Dann hilft nur entleeren und mit einem frischen Kokosziegel neu ansetzen. Damit Du seltener Deinen Feststoffbehälter leeren musst, geben wir Dir hier ein paar Tipps:

Löse den Kokosziegel in so wenig Wasser wie möglich auf. Wir haben mal mit drei Litern Wasser gestartet und sind mittlerweile bei eineinhalb Liter Wasser auf einen Kokosziegel (650g). Dadurch kann der Kokosziegel mehr Feuchtigkeit aufnehmen und hält länger. Ist am Anfang zu viel Wasser drin, musst Du eventuell noch einmal Kokosfasern nachträglich zuführen.

Damit passen weniger Ausscheidungen in den Feststoffbehälter rein.

Nutze einen separaten Abfalleimer für Dein benutztes Toilettenpapier.
Theoretisch kannst Du das Toilettenpapier mit in den Feststoffbehälter geben, denn es zersetzt sich auch. Allerdings dauert es länger, so dass das Ergebnis eher nach Toilette aussieht. Außerdem bedeutet Papier natürlich Volumen und je voller Dein Feststoffbehälter ist, desto häufiger musst Du ihn wechseln.

Trockne Wäsche nur im Bad, wenn Du gleichzeitig eine Lüftung anhast. Denn feuchte Wäsche im Bad, erhöht die Luftfeuchtigkeit. Und die Toilettenentlüftung zieht die Luftfeuchtigkeit durch die Toilette, wodurch die Kokosfasern nicht mehr so viel Flüssigkeit aus den Ausscheidungen aufnehmen kann.

Stell die Toilettenentlüftung aus, während Du duschst. Der Grund ist der gleiche wie zuvor - Luftfeuchtigkeit. Lass den Wasserdampf durch die Deckenlüftung sich erst auflösen ehe Du die Toilettenentlüftung wieder anstellst.

Überhaupt, nutze die Deckenlüftung so häufig wie möglich. In jedem Bad gibt es eine indirekte Lüftung, die permanent geöffnet ist. Dennoch ist es sinnvoll, dass Du Deine Dachluke bei gutem Wetter immer öffnest und falls Du eine Deckenlüftung hast, diese auch einschaltest. Dadurch verbessert sich das Raumklima und Du unterstützt die Entlüftung der Toilette.

Gleiche die Feuchtigkeit durch Kleintierstreu aus. Wenn Du das Gefühl hast, die Toilette droht zu feucht zu werden (sieht man gut an den ersten Kokosklümpchen), streu nach dem „großen Geschäft" eine Hand Kleintierstreu in den Feststoffbehälter und kurble dann. Nutzt Du dagegen permanent Kleintierstreu könnte es den gegenteiligen Effekt auf die Zykluslänge haben, denn der Feststoffbehälter wird schneller voll.

Gönn Deiner Toilette ab und zu eine Pause. Nutze doch auch mal Campingplatztoiletten. Oder wenn Du ohnehin unterwegs bist die Toiletten in Restaurants und Cafés. Natürlich ist es zuhause am schönsten, aber Deine Toilette dankt es Dir. Der Zyklus verlängert sich deutlich. Und das nicht nur, weil weniger Volumen dazukommt und weniger Feuchtigkeit, sondern auch weil die Bakterien mehr Zeit zum Kompostieren haben.

ZUSAMMENFASSUNG

Wir finden kein Buch sollte mit Sch… enden, auch kein Buch über Wohnmobiltechnik und selbst wenn wir echte Fans der Trennkomposttoilette sind. Deshalb gibt es hier noch ein kleines Bonuskapitel, in dem wir Dir eine ideale Konfiguration für Dein Wohnmobil vorschlagen.

Campingplatzcamper

Du fährst mit Deinem Wohnmobil im Sommer für ein paar Wochen auf einen Campingplatz und vielleicht noch an einer Handvoll Wochenenden in die nähere Umgebung. Dir empfehlen wir folgendes:

Strom: bleib bei deiner ab Werk eingebauten AGM-Batterie. Auch wenn die nicht die ideale Batterie ist, wird sie Dir doch sehr lange erhalten bleiben.

Gas: Such dir einen Gashändler (z.B. Baumarkt) in Deiner Nähe und nutz deren Leihgasflaschen.

Frischwasser: Bitte hab Deinen eigenen Schlauch! Und nutze ihn nur für die Frischwasserzufuhr. Und weil Wasserflaschen so eine starke Umweltverschmutzung darstellen, empfehlen wir dir definitiv die Filter, damit Du Dein Wasser auch trinken kannst. Wenn Du ausschließlich die Campingplatzeinrichtungen nutzt, ist der 120 Liter Tank natürlich überdimensioniert. Besorg dir doch noch einen 10- oder 20 Liter Frischwasserkanister mit Ablasshahn, den Du alle 2-3 Tage mithilfe deines Filters befüllst. Dann ist Dein Trinkwasser immer frisch.

Toilette: Verzichte auf eine Chemietoilette. Wenn Du nichts umbauen willst, nutze die sanitären Einrichtungen des

Campingplatzes und Deine Toilette lediglich fürs kleine Geschäft. Da brauchst Du auch keine Chemie. Achte lediglich darauf, alle 2-3 Tage auszuleeren. Sonst ist der Ammoniakgeruch doch recht unangenehm. Gehst Du lieber zuhause in Deinem Wohnmobil aufs stille Örtchen, empfehlen wir auch Dir eine Trockentrenntoilette. Du hast mit deinen langen Pausen zwischen deinen Fahrten ideale Kompostbedingungen.

Wahrscheinlich hast Du bereits das meiste für Deine Urlaube. Ein Kanister, Schlauch mit Verbindungsstücken und Filter kosten in Summe ca. 140€ und dafür brauchst Du keine Wasserflaschen mehr kaufen. Entscheidest Du Dich noch für eine Trockentrenntoilette kommen noch ca. 1000-1200€ hinzu.

Langzeitreisende

Egal ob Du in Griechenland oder Spanien überwinterst oder wie wir gleich Vollzeit ins Wohnmobil umziehst: Diese Konfiguration bringt Dir maximale Freiheit für Dein 3,5t Wohnmobil.

Strom: Gönn dir eine 100 Ah Lithium Eisenphosphat Batterie und eine mind. 100W Solaranlage mit einem MPPT Laderegler.

Gas: Besonders unabhängig bist Du mit einem Gasflaschentank, den Du an allen LPG Tankstellen befüllen kannst. Das ist nicht nur bequemer, sondern auf Dauer sogar günstiger.

Frischwasser: Wasser ist Deine Achillesferse. Es wird häufig der Grund sein, dass Du weiterfahren musst. Damit Du den besten Komfort hast und vor allem gesund bleibst, gönn Dir neben einem eigenen Schlauch sowohl einen Befüllfilter als auch einen

Trinkwasserfilter. Es wäre doch schade, wenn Du noch Wasserflaschen schleppen müsstest.

Toilette: Für Dich ist eigentlich die Trockentrenntoilette ein Muss. Wenn Du vorher mal eine Chemietoilette hattest, wirst du sie lieben. Glaub uns ;-)

Alle Umbauten und das ganze Zubehör kosten dich ca. 5000€, aber die sind eine wirklich gut angelegte Investition.

Viel Freude mit Deinem Wohnmobil.

Christian & Conny

ÜBER DIE AUTOREN

Christian & Constance Landsberg haben 2018 ihre Wohnung aufgelöst, all ihren Besitz verkauft oder verschenkt und sind mit ihrem Baby ins Wohnmobil gezogen. Für 18 Monate haben sie Europa erkundet und über ihre Erlebnisse und vor allem Erkenntnisse über Wohnmobile in ihrem Blog www.720-days.eu geschrieben.

Im Sommer 2019 haben sie außerdem den Motorhome & Van Longtime Traveler Club ins Leben gerufen. Hier haben sich Reiseblogger zusammen geschlossen, um Neulingen den Einstieg ins Wohnmobil-Leben zu erleichtern. Alle Mitglieder leben selbst seit langer Zeit im Wohnmobil bzw. Van und haben bereits unzählige Länder bereist. Sie teilen gerne ihren Erfahrungsschatz und geben individuelle Tipps für den Start.